中视频之战

B 站 运 营 指 南

郭楠◎著

中国铁道出版社有限公司
CHINA RAILWAY PUBLISHING HOUSE CO., LTD.

图书在版编目（CIP）数据

中视频之战：B站运营指南 / 郭楠著 . —北京：中国铁道
出版社有限公司，2022.1
ISBN 978-7-113-28302-5

I . ①中… II . ①郭… III . ①网络营销 IV . ①F713.365.2

中国版本图书馆 CIP 数据核字（2021）第 167174 号

书　　名：中视频之战：B站运营指南
　　　　　ZHONG SHIPIN ZHI ZHAN: B ZHAN YUNYING ZHINAN

作　　者：郭　楠

责任编辑：马慧君　　　编辑部电话：（010）51873005　　　投稿邮箱：zzmhj1030@163.com
封面设计：仙　境
责任校对：安海燕
责任印制：赵星辰

出版发行：中国铁道出版社有限公司（100054，北京市西城区右安门西街 8 号）
网　　址：http://www.tdpress.com
印　　刷：北京柏力行彩印有限公司
版　　次：2022 年 1 月第 1 版　　2022 年 1 月第 1 次印刷
开　　本：710 mm×1 000 mm　1/16　印张：17　字数：242 千
书　　号：ISBN 978-7-113-28302-5
定　　价：68.00 元

推荐者的话

B 站被认为是理解"年轻人"或"后浪"的一个窗口。当然，"后浪"本身就是 B 站创造的对用户致敬的称谓。那么，究竟该如何从海量的 UP 主创作中透视内容产业的规律，如何将普遍被视为"玄学"的内容走红现象提炼为靠谱的规律，如何对五花八门、千变万化的内容创作技巧进行科学性的归纳和提升呢？

这本书给了我们切实的"解密"之感。书中体现了作者常年对新媒体行业的深入了解，来自众多头部账号的科学分析，以及她亲自入局的创作和运营实践。

因此，这本书在现在显得非常难得，因为越来越多的企业、机构或品牌，乃至个人将核心形象管理和与用户对话的方式都放在了社交媒体上，但同时又对碎片化的内容创作与运营带有偏见或不理解；同时，又有很多自媒体人经历了偶然的第一支作品成功后的过分乐观，或持续创作运营后的陷入瓶颈，也有一些年轻人有创意而不知道如何实现，如何进行商业化。

上述这些问题，这本书都会给出作者的观点和解答，相信它会成为新媒体从业者的案头书。

——张铮 清华大学新闻与传播学院博士生导师，清华大学文化创意发展研究院副院长本书从普通用户、内容创作者以及品牌企业的经营者等多个角度，对 B站进行了详尽的解析；跟随指引，可以从入门小白开始逐步发展到完全依赖这个独特的社区生态而生存。本书也为"前浪"的你增进理解"后浪"提供了一条快捷的路径。

——崔欣欣　深圳分享投资联合创始人

优秀的作者既可以深入行业，看到星辰大海，又能贴近用户，拾遗细雨尘埃，郭楠的这本书做到了——无论对视频领域从业者还是有志于站在行业风口浪尖的创业者，都有不小实用价值。

——穆楠　新势资本创始人、《复制互联网》作者

作为一个在 B 站混迹多年的老 UP 主，看这本书依然收获满满！

——片片　B 站 ID：小片片说大片，2019 年度、2020 年度百大 UP 主

好的作品，能够带给读者无穷无尽的思考，这本书就是如此，案例信手拈来，观点鞭辟入里，是 B 站入局者的完美攻略。

——于爱山　古麦嘉禾创始人

本书作者作为 B 站知识领域优质 UP 主，将一线实战经验浓缩在这本书中，揭示出 B 站内容生产三大底层"密码"：有意思、有用、有情绪，系统性地讲清了如何成为一个优质 UP 主，想必能在你成为"宝藏 UP 主"的路上有所裨益。

——付圣强　有树文化总经理

推荐序一

天奇创投基金管理合伙人　魏武挥

　　郭楠是我认识相当久的一位年轻朋友。我知道她自工作以来，就一直"混"在内容生态江湖，还"混"得风生水起，我想，这和她一直以来的努力勤奋且行业嗅觉敏锐是密不可分的。

　　当下，谁都会承认，B 站已经成了一个重要的内容生态。作为一种媒介表现形式，视频在 4G 技术的加持下，早就成为移动互联网里最重要的分发内容。而弹幕这一互动形式，亦从早年的亚文化，走向了今天的主流文化。

　　郭楠很早就很有灵气地嗅到了这一趋势，自己也躬身入局，成了一名不错的 UP 主。但她就像一个社会观察家和研究者一样，不仅自身深度卷入其中，还能做到抽身出来，客观冷静地分析这一个大趋势中所蕴含的种种战术细节。她把自己的这份观察和研究，写成了你我面前的这本书。

　　我觉得，无论是内容创业者，还是营销从业者，这都是一本不可多得的实战手册：既能深入理解 B 站这个平台的运作机理，又能学会如何在 B 站海量的 UP 主中拔得头筹，也可以帮助企业主掌握 UP 主投放的窍门。这是一本相当可读的"创业指南"，也就是说，如何利用到这个大趋势，利用好 B 站惊人的流量，来为我所用。

推荐序二

B 站 UP 主 @ 毕导 THU

那是 2011 年，我还在读本科的时候，隔壁寝室的同学来我们寝室玩时说："推荐你们上 B 站啊！可有意思了！"那时 4G 网络还没商用，移动互联网时代还没到来，整个内容生态才刚刚起步，我们拿着老式的电阻屏手机，不知道在这个新奇的网站上能看点什么。

谁能想到，10 年后的今天，5G 手机已经快速普及，看视频成了每个人的日常习惯，B 站在一片内容的红海中成了年轻人聚集的社区，而我自己，竟然也成了一名在 B 站更新了 4 年的百大 UP 主。

B 站、微信、微博、抖音、快手……每个社交媒体平台都有其独特的定位和调性。我在各人平台均有涉猎，但我个人觉得 B 站有最为特殊的氛围。观众、UP 主、B 站官方在这里共同营造出了一种精神归属感。举个简单的例子，"UP 主"这个词本身清晰地定义了"我是一名在 B 站耕耘的创作者"，而在其他平台是没有这种身份标识词汇的，只能统称为"博主"。B 站强大的弹幕文化也模糊了创作者与观众的界限。在弹幕的碰撞与迭代中诞生了一个又一个火遍网络的梗，身处全国各地的观众隔着屏幕在 23333（从表情符号延伸出的大笑的意思）中灵魂相通。随着内容行业日趋饱和，红利渐渐消失殆尽，唯有频频出圈的 B 站还能给广大创作者以涨粉的信心。

在人人都可以随手拍视频的今天，成为一个 UP 主好像很容易。但当你拿起手机、打开剪辑软件之后，却发现不知从何做起。当你忐忑地按下投稿键等待审核的时候，你也许会幻想这期视频一夜爆红的快乐。但当你审视每一个百万粉丝 UP 主的内容时，你又会感慨他们各有各的绝活儿，为啥自己啥也不会啊！视频专业水平的壁垒、起步时选题的迷茫、对商业转化获利的困惑，这些都是 UP 主们共同面临的问题。

我曾受 B 站邀请，在创作者大会上跟 UP 主们分享我的创作理念与方法论。当时思来想去，总觉得这是一个宏大而缥缈的命题。我在 B 站创作了 4 年时间，做过很多平平无奇的视频，也在后来出过一些镇站之宝级的内容。4 年来实战所积累的经验真的很难有条有理地表达出来。所以当郭楠给我发来这本书的初稿时，我十分惊讶。天哪，她竟然把这么丰富的内容总结成了一本精华教程，她未免也太"闲"了吧！

我和郭楠相识于 2017 年。那时我写图文小有成绩，在五道口拘谨地接受了她的采访。此后我才知道，观察内容行业正是她最擅长的工作。在内容的红海里，我们两个同龄人，我在水中游，她在岸上走。她将自己多年来对 B 站的研究学习总结成了这本书, 当我看过这本书后, 也获益颇丰。这的确是一本面向创作者的、非常全面的宝典! 不管你处于做 UP 主的什么阶段, 你都能在书中汲取灵感。毕竟这本书汇集了许多 UP 主的案例, 而这对你一定会有参考价值。或者当你发现原来大 UP 主们也有迷茫和痛苦的时候, 你自己说不定也会开心一点呢!

B 站是一个很尊重原创内容的地方, B 站的粉丝与 UP 主的关系也十分亲切。如果你想做视频, 我推荐你选择 B 站, 我也推荐你看看这本书。它读起来很有趣, 你也一定会很有收获!

杰克·伦敦说过: "你不要等灵感来找你, 你得拿着棍棒去找它。" 希望大家都能做出自己满意的作品! 与读者共勉!

目录

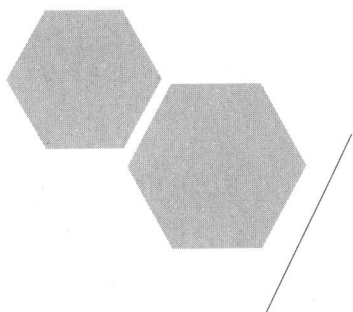

引　言

　　B 站，bilibili 哔哩哔哩的简称，是一个文化社区和视频平台，在诸多视频平台中，一直以用户高黏性著称。2020 年年初 B 站出圈后，吸引了大量新人用户注册，而同时 B 站越来越多的观众开始向 UP 主转型，自己制作视频、运营账号。于是，研究 B 站、了解账号运营方法成了当务之急。

根据 2021 年 Q1（第一季度）财报，B 站月活跃用户人数达到 2.233 亿，日活跃用户人数达到 6 010 万，通过答题考试的用户人数达到 1.12 亿（通过答题考试才能有互动权限）。而 2020 年 Q4（第四季度），B 站月活跃用户人数 2.02 亿，日活跃用户人数 5 400 万，通过答题考试的用户人数 1.03 亿，用户日均使用时长 75 分钟。对比发现，B 站用户活跃度仍在持续上升。

财报显示，2020 年 B 站总营收达 120 亿元，同比增长 77%。作为重头戏的 Q4，游戏业务收入 11.3 亿元，首度掉落第二；增值服务收入 12.5 亿元，位居第一（B 站官方的解释，增值服务收入是高级会员收入、直播收入等）；电商及其他业务收入 7.4 亿元；广告收入 7.2 亿元。

而对比上一季度——2020 年 Q3（第三季度）财报，当时平台的主营业务按收入大小排列为：移动游戏，直播及增值业务（主播分成、大会员），广告（B 站信息流广告），电商及其他（会员购）。

在加大商业化力度的背景下，2020 年 B 站创作推广功能（用于 UP 主非广告视频推广）、花火商单（B 站广告接单平台）、商业推广功能（用于花火商单视频推广）陆续内测上线。

同时，企业也越来越重视 B 站营销，开始尝试投放 B 站信息流广告、UP 主植入广告，甚至不少企业在 B 站开设企业蓝 V 号。

在过去的这些年，我一直在思考，平台、内容创作者、用户这三者之间的关系。

平台和创作者是互惠的关系，但双方必须共同服务好用户。用户的每一次点击、观看时长、关注行为，都在向创作者和平台发出信号。这种信号平台接收得最直接——点开哪个视频、看多久、点赞收藏投币、弹幕活跃度、是否关注账号——而平台需要做的，是通过流量倾斜或者运营活动把信号直接反馈或暗示给创作者，鼓励创作者创作受用户欢迎的视频。

新媒体时代的内容生态，不管是观点、图文，还是短视频，主要由平台、创作者、用户这三方构成。了解了这三方的本质诉求和相互关系，才是我们进入这个生态前的第一步。

1. 平台运营，是规则的制定者

诸如 B 站、抖音、微信公众平台、快手、小红书、知乎等，我们称为平台方。平台方的核心诉求是平台活跃度，是日活、月活、增速，是注册用户数、用户观看时长、单个用户价值，是估值、市值。

平台方不生产或很少生产内容，主要依靠流量吸引创作者贡献内容，同时平台会设定一些独具特色的产品形态和内容品类。而吸引用户下载注册、多看一会平台内容的，还是平台和创作者提供的好内容。

2. 内容创作者，是规则的使用者和探索者

很多创作者都在问平台的流量规则是什么，什么样的内容能获得更高的播放量、能拥有更多的粉丝，怎么发广告播放率、转化率更高，怎么卖货、卖课转化率更高。

很多创作者都是依托平台而生，在抖音、快手上粉丝颇多的创作者创作的内容，平移分发到 B 站上，可能根本就不会有人看。

但同时，几乎所有创作者都在积极探寻新的平台和品类，因为新的平台、新的品类红利，都代表着新的机会。

3. 用户，是内容平台和创作者的生存之本

平台和创作者都需要流量，流量本质上就是由一个个用户构成的。而用户会形成平台的"社区生态、文化，甚至是语言"。比如，快手的"老铁文化"、抖音的"神曲"、B 站的"下次一定"、知乎的"刚下飞机，谢邀"，这些生于用户的平台文化，也在反哺平台。影响创作者。

用户的行为标签，会被平台吸收为推荐机制，反向引导平台该给什么样的创作者更多推荐。

在平台、内容提供者（创作者）、用户都发展到一定规模后，就开始有企业向平台、向内容创作者付费，从泛流量中转化自己的客户。

企业买单的原因就是优质流量集中，无论是给平台投信息流广告、给
UP 主投合作广告，还是直接在这个平台上给用户让利，花的都是企业的营销
费、品牌推广费用。

企业的期望也不过是低成本获客，是寻找性价比较高的营销渠道。

想在一个平台上深度耕耘，我们要了解平台的底层文化：用户是一群
什么样的人？他们想看什么样的内容？平台在不同时期需要或鼓励什么样
的内容？

我从 2015 年入行研究新媒体行业，经历了微信公众号时代、内容创业
元年，也经历了抖音、快手横空出世，自然也少不了 2020 年 B 站出圈。

新媒体行业从图文时代走向短视频时代，每年都会出一些所谓的行业
"小"风口，每个"小"风口都会带来新的流量机会、新的商业转化渠道。

总有网友给我发私信，问：我也想做 UP 主，我现在做 UP 主来得及吗？
做 UP 主怎么赚钱？企业应该在 B 站上投入多少预算？

无论你希望成为一名新人 UP 主，还是代表企业探索 B 站投放和营销的
可能性，再或者只是希望了解这个吸引了无数年轻人的平台，从这本书中都
能找到自己的需求。

这本书，献给希望入局 B 站的每一个读者。

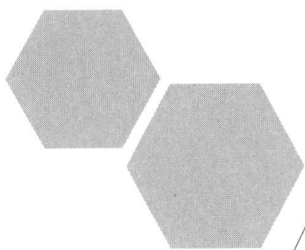

第一章
B 站出圈：后浪时代

B 站这个平台的核心是社区文化，所以 B 站高层在公开渠道的发言中，经常会强调用户第一、站内文化。B 站以 ACG（Animation Comic Game，动画、漫画、游戏的总称）文化，即二次元文化起家。但从 2018 年开始，B 站为了正规化和用户增长，下架大量存在版权风险的 ACG 视频，开始引入明星、名人、站外 KOL（Key Opinion Leader，关键意见领袖），开始降低答题门槛，大量用户涌入。很多老用户都会提到："B 站变了"。

B 站到底有没有改变？如何理解 B 站的社区文化？B 站是如何出圈的？我们从头说起。

第一节 B 站文化

从 2009 年到 2019 年，B 站的核心产品框架都没有多少改变：UP 主投稿→用户观看→视频里有弹幕→用户可以发弹幕。通过各种各样的弹幕，我们可以感受到 B 站的文化。那为什么 B 站可以形成独特的社区文化呢？我们将在这一节找到答案。

一、从 ACG 文化到全民 UP 主：B 站是如何出圈的

莎士比亚说过，"凡是过去，皆为序章"。对于 B 站来说，如今站在一个全新的起点上，未来展现的价值还有更大的想象空间。

1. 走进 B 站的前世今生

2021 年 1 月，B 站官网更新的介绍中，对自己的定位是：中国年轻人聚集的文化社区。而在企业信息查询平台上，还没来得及更新的描述是：哔哩哔哩是一个弹幕视频分享网站，以 ACG 为主题的娱乐站点。

曾几何时，B 站被称为 A 站（AcFun 弹幕视频网，简称 A 站）后花园，弹幕、ACG、UP 主这些如今与 B 站绑定在一起的印象词，其实最早是 A 站引入的概念。

ACG 是由 Animation（动画）、Comic（漫画）、Game（游戏）组成，广

义上理解为二次元。

弹幕最早来自日本 niconico 动画网站，早期很多人并不知道该读弹（dàn）还是弹（tán）。从取义来说，很多评论发出的时候，"像幕布下落般倾泻而来的子弹"，所以取"弹"的读音。弹幕是 B 站文化的重要组成部分，弹幕文化也在某种程度上成为用户反哺社区的优质内容。

UP 主，即 uploader，意思就是在网站上传视频的人。它并不是对 B 站内容创作者的特有称呼，只是在 A 站、B 站被应用得比较广泛。

B 站的创始人徐逸，1989 年出生，16 岁考上北京邮电大学，资深二次元，最早也是 A 站的老用户。

2009 年，20 岁的徐逸创办了 Mikufans，后来更名为 bilibili。这个名字取自《某科学的超电磁炮》中的人物御坂美琴，因为她有一个激光炮，出招时会发出 bilibili 的声音，这一声音被徐逸选中，成为 B 站的名字。

徐逸在 B 站的用户名是碧诗，UID 是 2。UID 是注册 B 站时，系统分配给用户的 ID。其实，UID1 的用户也是徐逸，只不过 UID1 是早年间用来测试注册功能的。

碧诗的第一个现存视频发布于 2009 年 6 月 26 日，点开这个视频，弹幕都是网友充满怀旧仪式感的"合影"。

任何一个好的内容平台，其中的内容都是平台核心用户意识和需求的集中反馈，平台方是否懂得用户真正的需求至关重要。而对于内容平台来说，用户流量就是"命根子"。

B 站的老站长徐逸很显然非常懂得照顾最早一批二次元用户的需求。

跟任何商业故事的开始一样，我们站在时间线上，回顾过去发生的事情——有无数充满想象力的商业设想，但最后能成为现实的百中无一。

与徐逸毕业不久即创业的发展道路不同，现任 B 站董事长陈睿在互联网行业深耕多年，毕业时就加入了当时国内最知名的软件企业——金山软件，2010 年成为猎豹移动（前金山网络）的联合创始人。在 2011 年，陈睿联系到徐逸，并成了 B 站的天使投资人。

2014 年 5 月，在 IDG 技术创业投资基金组织的校园创业大赛上，徐逸说，所谓"阿宅"和"极客"，其实是没有区别的，你越喜欢一个东西，就会变成这个范围内的"阿宅"；当你成为这个领域的"极客"，就会对现有的内容或物品存在不满，希望去改造完善它。

当时徐逸对 B 站的定位是一个社区，这是与视频网站有本质区别的。他说，我们的网站还很穷，买不起很多版权，很对不起用户。如果以后有可能上市，会引进更多版权动画。

2014 年猎豹上市，陈睿也在同年 11 月份正式加入 B 站，出任董事长。

在随后的几年中，B 站快速发展。2015 年 1 月，完成 2 420 万美元的 A 轮融资，进入高速发展通道；2017 年 5 月，完成 1.07 亿美元的 D 轮融资，当时领投方为腾讯投资。

2018 年 3 月 28 日，当时月度活跃人数 9 000 万的 B 站在美国上市。当日收盘价 11.24 美元，按此计算，此时 B 站的市值是 31.3 亿美元。2019 年 6 月，徐逸卸任 B 站法人，对此，B 站官方说法是，徐逸仍任哔哩哔哩总裁。

2020 年 1 月底，B 站股价是 21.55 美元，在此之前股价一直处于平稳缓慢的上涨趋势。但在这一年，B 站的股价完成了数个翻倍增长。当年 11 月底，股价达到 62.86 美元，比上个月直接增长了近 20 美元。这一上涨趋势并没有就此打住，而是一路高歌猛进，在 2021 年 2 月股价涨到了 129 美元。

如果你在 2019 年 1 月买了 B 站的股票，到 2020 年年初，这些股票的价值只会增长 1 倍，但是如果你有耐心再等一年，到 2021 年 2 月，这些股票的价值会增长接近 9 倍。

2. B 站的《后浪》《入海》《喜相逢》

2020 年春天，B 站推出了三部曲视频——《后浪》《入海》《喜相逢》，针对中年、青少年、老年群体，展开了出圈传播。

而在此之前，很多刚习惯使用微信、从来没用过 QQ 的中年人，根本没有听说过 B 站。

2020 年 5 月 3 日，演员何冰演讲视频——《后浪》，在朋友圈刷屏了。在这支视频中，何冰老师以"前浪"的身份，站在中年人的视角，向青年的"后浪"说："我看着你们，满怀羡慕""你们有幸遇见这样的时代，但时代更有幸遇见这样的你们"。

这支视频在朋友圈持续刷屏，让很多 35 岁以上的人第一次对 B 站、对 B 站这个平台上的创作者、用户产生了兴趣。

经此一役，"后浪"也成了当代年轻人的代名词，在知乎、微博等具备强社区讨论属性的平台二次发酵。

与之对应，《后浪》刷屏的第二天，就出现了争议。另一种声音说，《后浪》视频中的"后浪"一代，并不能代表真正的"后浪"。也有人说，B 站这支宣传片是"凡尔赛后浪"，但更多 B 站用户，只是"打工人后浪"。

但不管如何，凭借《后浪》B 站火了一把。

2020 年 6 月，时值毕业季，B 站联合歌手毛不易推出了《入海》歌曲视频，并鼓励 UP 主结合《入海》、毕业季进行二次创作，也在网络刮了一阵风。

朗诵、歌曲，都容易打通记忆点。相比于前两部视频，2020 年 6 月 26 日，B 站 11 周年庆的故事性短片《喜相逢》，虽然没有那么广泛的传播性，但显示了 B 站不同的用户战略。

经过了这三部曲的出圈传播，2020 年 8 月底，B 站公布第二季度财报，显示第二季度月活用户达到 1.72 亿（《后浪》视频中，提到 B 站用户数还是 1.3 亿），同比增长 55%，日活用户 5 100 万，同比增长 52%。

从 B 站董事长陈睿的财报解读中可以看出，2020 年 B 站最重要的工作就是用户增长，靠内容吸引用户，靠社区留住用户。

而随着新用户的引入，平台内容氛围将发生更大的变化。

3. B 站 UP 主的商业化之路

《后浪》视频刷屏的渠道朋友圈——微信生态——非常值得揣摩。从

2015 年开始，微信公众号成就了无数自媒体人的财富梦想，一条阅读量一万的公众号，广告能卖到几万元。

虽然经过了 5 年的时间，公众号洗牌，很多公众号因为接不到广告、粉丝量下滑而选择卖号。即使是这样，优质账号的广告价格依然一年年水涨船高。

公众号广告能卖得这么贵，除了粉丝量、阅读数之外，很大程度决定于用户垂直度，所以当初做公众号，大家都强调垂直内容吸引精准用户、高格调内容吸引高净值用户。

相比公众号的商业化，B 站 UP 主商业化还处于发展期。一方面是，平台用户总数还是偏少，用户年龄层偏年轻；另一方面是，相比于微信生态的转化效果，B 站生态的转化效果还没有那么丰富的案例。B 站 UP 主的商业化还有很长的路要走。

二、从社区文化到梗文化：如何快速融入平台氛围

每个内容平台都有自己的底层逻辑，玩家入局要顺应平台逻辑，推导出适合自己的生存方式。

1. B 站的会员体系

B 站会员有注册会员——正式会员（答题转正）——大会员（付费权益）三大体系。

会员等级从 LV0 到 LV6，级别越高解锁的更高级社区互动功能越多。注册成功就是 LV0，但是必须要通过答题才能转正为 LV1，到了 LV1 才可以发滚动（普通）弹幕、视频投稿和发私信。

LV2 ～ LV4，可以陆续解锁视频评论、多种弹幕形态（彩色、高级、顶部、底部）等。达到 LV4 才可以作番剧（日本连载动画电视剧）点评，作为风纪委员处理社区纠纷；LV5、LV6 可以购买邀请码。

这一套会员体系的设置，在共鸣性社区共建中发挥了重要的作用。早年

间的超高难度答题，更是保护了 B 站弹幕和评论区的和谐度。随着答题难度坡式下滑，弹幕和评论区"水化"现象也越来越严重。

2. 体验 B 站文化

入局 B 站先要了解平台的红利期。所谓平台红利期，就是平台用户飞速增长的阶段。这个时期用户快速增长，但内容提供者还没来得及跟上，谁先给出用户需要的内容，谁就能"刚好"被用户关注。

谁在决定内容平台的底层内容逻辑？

本质上是用户决定的。

所以在入局 B 站之前，我们必须先了解 B 站的核心用户画像是什么，核心用户对内容的需求是什么，他们习惯的内容表达形式是什么。

众所周知，B 站正式会员是要答题的。早期成为 B 站正式会员百题的难度极大，能不借助百度而答题通关成功的，都是大神级人物。

从 2019 年开始，很多用户发现，B 站的答题门槛变低了，前 50 道基本是送分题。以 2021 年 1 月的题库为例，前 40 道都是"社区规范题"，非常简单。比如，"B 站除了 22 娘还有 33 娘还是 44 娘？"如果答错，会出现"别气馁，再试一次"的提示，本题不跳过，直到选出正确答案为止。

接着是 10 道违规发言题，主要围绕弹幕礼仪设置。试看一题：以下哪个是在站内支持 UP 主的方式：A. 点赞，B. 举报。

剩下 50 道是跟原来难度相仿的自选题，包括游戏、影视、科技、动画、艺术、文学等维度，可以自选 3 ～ 5 个维度。答错不能重答，但题目难度相比之前要低许多。如娱乐维度题中，会问某知名演员在某部著名电视剧中扮演的角色是什么。

同时，曾经要老用户花费"硬币"才能获得的邀请码，也变得越来越不"值钱"。平台从把关新用户门槛，到鼓励拉新——拉新用户能获得红包。

为了拉动更多新用户，B 站推出了"UP 主推荐官"活动，老用户把指定链接分享给新用户，通过链接注册的每一个新用户发视频，老用户都能获得

10 元奖励，当然，还需要满足连续 3 天登录、每天看 10 分钟视频。老用户最高可以获得 500 次奖励，即最高获得 5 000 元奖金。

在这样猛烈的出圈攻势下，2020 年 B 站全年财报中提到，通过考试的正式会员数达到 9 700 万，同比增长 56%。

2021 年春节前夕，B 站上线了"我带亲友逛 B 站"，鼓励用户邀请父母、亲友、伴侣注册，并与用户进行亲友绑定。

这个举措的初衷可能是希望年轻用户带动其父母一代，扩充 B 站用户年龄层，但我个人认为，年轻人与其父母一代，很难在同一个平台兼容，尤其是双方还需要绑定社交关系。

很多年轻人，尤其是学生，更倾向于在"父母不在的平台"表达真实的喜好和观点，而且大部分 B 站用户在站内是没有社交圈的，大家更多是单向关注 UP 主，或者本身也是 UP 主，会同样被陌生网友关注，并不愿意在站内有太多互关的现实生活中的朋友。

B 站用户个人主页会显示投稿视频、动态、收藏、追番情况。很多年轻用户会公开追番数量，但这些可能会展示给同学，肯定不希望展示给家长。

从二次元到"Z 世代"，再到 2020 年 6 月以中老年群体为主打的 B 站周年片《喜相逢》。从大神级百题到"支持 UP 主是点赞还是点举报"，从"限量版邀请码"再到"拉新送红包""鼓励父母上 B 站"，B 站答题问卷的简单化、入站门槛的降低，只是 B 站用户战略的一个缩影。

B 站作为平台方，做出的一系列破圈努力，很大程度上为平台创作者提供了更好的发育土壤。

内容创作者并非固守一个平台不变，而是具备跨平台迁移能力的，而迁移的根本原因，就是原有平台的商业转化和流量能力日益衰退。

案例：【B 站用户访谈】

1. 从 A 站转到 B 站的鹿鹿

出生在 1995 年的鹿鹿，在 2011 年答题成为 B 站注册会员。在更早之前，鹿鹿是 A 站的资深用户，他提到了 10 年前的 A 站。

"当时 A 站、B 站都是 ACG 文化相关度的内容，但 A 站用户规模远大于 B 站。不过作为一个已经拥有忠实用户基础的网站，A 站服务器挂掉却是常有的事情。每到这时，A 站的网友就会去 B 站。有一次 A 站'挂'的时间特别长，B 站才反超 A 站的。"

对于 A 站、B 站早年的社区氛围，可以用"对等"来形容。不管你是发内容的 UP 主，还是看内容的观众，双方都是对等的关系。

创作者不是爱豆，观众也不是粉丝，大家是分享方和讨论方的关系。这种创作氛围，在一开始为 B 站带来了大量用爱发电的 UP 主，创作分享本身就能带来愉悦感。

2. 朋友介绍注册 B 站的亚楠

亚楠是在 2014 年注册为 B 站会员的，她最一开始接触 B 站是源自高中时同桌的推荐，直至今日，虽然她的那位朋友已经不怎么打开 B 站，但亚楠依旧是个深度二次元的老玩家。当年的她觉得，二次元的内核是热血："如果你很喜欢一部动漫或小说，会有冲动将里面的角色通过 Cosplay（Costume Play 的简写，指利用服装、饰品、道具及化妆来扮演动漫作品、游戏中及古代人物的角色）的形式还原出来，甚至会在这个过程中努力还原原著的角色人设和氛围，最终获得一种自带壁垒的成就感。"

"二次元是一种小众的爱好，很难说是一种小众文化，早期很多 UP 主主要是靠爱好支持，这也是大家常说的用爱发电。"

当时使用 A 站和 B 站主要是通过 PC 端。在版权限制不严格的时候，A 站和 B 站内的综艺、美剧、日剧，无翻译基本都能在发布当天更新，翻译版火多隔天上传。

在上大学的时候，亚楠几乎每天都会看 B 站，主要是追剧追番，当时很多动漫区 UP 主会做新番导视，还有一些 UP 主会做动漫推荐、混剪。影视区也有很多电影资源。

B 站现在的知识区里有一句流行语，是"去我的收藏夹吃灰吧"，当年收藏夹是真的几乎全部变灰过。2016 年 11 月 12 日下午，亚楠像往常一样打开了 B 站收藏夹，发现之前收藏的片源几乎全部"阵亡"，很多追到一半的剧至今也没有看完。到了 2021 年，她打开 B 站，最早关注的很多上传片源的 UP 主已经完全找不到痕迹。

"收藏了那么多正在追的剧、电影，突然都没有了。资源是能找到，但那时候已经很习惯 B 站的氛围了，不太能接受在站外继续追剧。B 站的弹幕是真的很欢乐，艺术片会有人提示前方有彩蛋；恐怖片会有前方高能预警，弹幕多的话大家会齐心协力的组成弹幕墙来降低恐怖效果；喜剧片就更好笑了，大家会一起玩梗，很多弹幕加上剧情能让人爆笑。在这种氛围下，很多人都会二刷、三刷……因为一遍根本不够看。在站外看剧，没有那些优质弹幕，会觉得很孤独。"

作为站内老用户，亚楠提到过两次流量艺人与站内文化冲突的事件。第一次是某流量明星在 B 站被黑，给 B 站寄律师函。当时 B 站和虎扑的答题制是铜墙铁壁，可以把非站内文化受众阻拦住，所以站内发言相对一致。为了进入 B 站，当时一个 5 级号甚至被开出 9 300 元的收购价格。而在另一次事件中，站内已经出现明显来自不同阵营的发言。B 站要破圈，就不可避免要打破原有的壁垒。

3. B 站早期用户的那那

同样是 B 站早期用户的那那提到，她在老番茄只有几万粉丝的时候就关注他了。这些年来，她只关注了 200 余位 UP 主。注册 B 站也是因为当年同学们都在追剧，平时同学会分享视频链接，如果不是注册会员不能参与互动，体验感也不如答题会员好。

我们先插入几道多年前 B 站丧心病狂的入站考题。

（1）"我这把刀可是涂满了毒药的毒刃"出自什么作品？

    A. 勇士闯魔城   B. 世界魔王

    C. 打工吧魔王大人   D. 魔王勇者

（2）天才麻将少女的主角咲最擅长怎么赢牌？

    A. 概率理论   B. 上开花

    C. 刻   D. 底捞月

（3）天体学上，红移是指什么？

    A. 天体靠近我们   B. 天体离我们远去

    C. 天体向右走   D. 天体向左走

在那那看来，早年间 B 站"魔鬼难度"的入站考题，其实是在通过答题的方式筛选掉不能接受站内文化的人。当时她一边自己做，一边问同学，连带上网找答案才成功过关。

有一个词被形容早年间的 B 站氛围——圈地自萌。很多老用户会说，"B 站变了"，主要变化的节点就是 2018 年前后。之前，B 站上很多内容是 ACG 文化和转载资源。但从小众走向大众的必经之路一定正规化。陈睿来到 B 站后，所推行最重要的决策就是版权化、正规化、公司化，B 站以"上海宽娱数码科技有限公司"的主体持有了《信息网络传播视听节目许可证》，并在 2017 年 7 月下架了很多 UP 主翻译上传的海外剧集。

但早年间 B 站很多网友都是被这些资源吸引入站的，为了留住老用户、吸引新用户，下架搬运内容后，B 站开始投入更多经费购买版权。

ACG 文化相关入门门槛更高，而且受众和题材相对都窄。早期 UP 主原创内容，大家看得最多的是"鬼畜"、游戏、舞蹈区，也会在区与区之间开玩笑。比如，游戏区攻陷舞蹈区，游戏区攻占动漫区。

但真正意义上的"冲突"，其实是 B 站破圈后老用户跟新用户在"内容偏好"上的冲突。

在那那看来，现在的评论区其实已经相对和谐了，早年间评论区的主观性更强一些，很多视频下的评论都比现在冲突激烈。

从 2015 年到 2018 年，B 站 UP 主能接到的广告非常少，而且主要集中于游戏区，那时候广告少到什么程度呢？如果谁发了一个广告，弹幕里会觉得是一件很新奇的事情。

2020 年之后，那那新关注的 UP 主也大多来自生活区。比如，有一个 UP 主本人是模特经纪，会分享自己的医美经历。那那关注她不是为了医美，而是欣赏 UP 主本人，也带有一定的猎奇心理，因为 UP 主的这些经历是那那自己永远不会体验到的。

同样，那那也提到了取关。相比于其他平台，B站网友目前很少取关 UP 主，即便 UP 主更新不勤，也没关系，就像是很久不联系、在通信录里沉睡的朋友。如果取关就是涉及原则和底线了。

4. 为了看财经视频，重新回到 B 站的 Neo

1985 年出生的 Neo，2015 年在 B 站注册，当时主要是为了看剧，他并不是典型的 ACG 文化用户。在感兴趣的剧变少后，有两三年的时间都没怎么上 B 站。但 2019 年年末，朋友推荐给他一些来自 B 站的投资、财经类视频，这类视频将他重新带回了 B 站，并成了活跃用户。

根据方正证券研究报告，截至 2020 年 11 月，B 站用户活跃占比中，18 岁以下占 18.78%，19 ～ 24 岁占 60.98%，25 ～ 30 岁、31 ～ 35 岁、36 ～ 40 岁、41 ～ 45 岁、46 岁及以上，这几个年龄段用户的占比都在 5% 以下。

2020 年 B 站第三季度财报电话会上，董事长陈睿曾提到，B 站的用户平均年龄是 21 岁，50% 的用户来自三线以下城市。

而在 2021 年 2 月底，B 站第四季度及全年财报发布后的电话会上，陈睿引用的是第三方统计，"B 站上 86% 的用户在 35 岁以下"，同时提到将把 B 站用户增长从过去的"90 后"到"00 后"，扩展成"80 后"到"00 后"，并希望在 2023 年前把 B 站月活做到 4 亿。

过去"95 后""00 后"喜欢看动画、游戏、舞蹈、音乐，但 2020 年 B 站进一步引入生活、美食、汽车、情感、知识等多维度内容，满足新入站的不同年龄层用户的内容需求。

3. B 站视频文化的三个入口

B 站用户看视频主要有三个入口：首页推荐、动态（已关注的 UP 主）、定期查看 UP 主主页。此外还有搜索关键词、视频下方相关推荐等入口。

观看习惯一定程度上受到答题年份（入站时间节点）、用户年龄和对 B 站的需求影响。比如，有用户本身是因为某类 UP 主（如财经、汽车等 2019 年后丰富的品类）注册入站，就会对这类内容养成定期观看或搜索的习惯。

但大部分用户的观看习惯都是来自首页推荐，或者定期查看搜索相关 UP 主主页，也有直接从动态查看不是最主流内容的观看习惯。

这一点也能解释，为什么有些 UP 主虽然粉丝量增长了，但观看播放量并没有同比上涨。

根据目前 B 站的视频推荐机制，用户互动，如点赞、投币、收藏、转发、弹幕、评论占据了很大一部分权重。所以，即使前期积累了粉丝量，如果后期视频没有足够的互动，依然会出现视频播放量下滑的情况。

三、中视频之战：B 站的内容底层逻辑是什么

在 B 站破圈的过程中，总会被拿出来与优爱腾（优酷、爱奇艺、腾讯）对比，与抖音、快手对比，与 YouTube 对比。B 站似乎与每一个平台都有相似点，但又与每一个平台都不一样。

1. 用户是内容战场的裁判

2020 年 10 月 20 日，西瓜视频总裁任利锋提出了介于短视频和长视频之间的中视频这个概念。他对中视频的定义主要有三点：第一是时长在 1 分钟到 30 分钟之间，第二是形式以横屏为主，第三是生产以 PGC（Professional Generated Content，专业生产内容）为主。

横屏、专业个人创作者上传内容、视频时长在 1 分钟以上 30 分钟以下，此前在大众印象中，国内平台符合的只有 B 站。现在，西瓜视频成为强势入

局者。但西瓜视频在活跃视频内容、用户画像上，明显与 B 站主打的 "Z 世代" 标签不一样。

我们说，用户是内容战场的裁判，前提是你要给用户选项，让用户有内容可选。

在抖音横空出世之前，用户并没有拿到多少选项。抖音出现了，动动手指上划，不用费心选择，只要划一会儿，再刷到的都是自己想看的内容——视频才开始活跃。所以，为了让自己的内容被看到，抖音平台的创作者都在研究抖音的推荐机制。抖音是赢在了重新定义规则，而定义的基础是对用户心理，甚至是人性的洞察。

在短视频战场之前，微信生态的创作者，研究的本质是 "刺激转发欲"。我们看到一篇公众号文章，有微信好友转发了才能看到，所以当时的微信公众号同行交流时，大家都在讨论 "如何刺激转发欲"。

但来到 B 站，大家发现 B 站本质是一个用视频表达分享的社区，当然，社区是 B 站董事长陈睿所认可的、关于 B 站的定位之一。

2. B 站视频的流量与用户的自主选择权

B 站视频的流量，并不是来自像公众号一样的社交传播，因为 B 站内转发带来的观看微乎其微，而且很多 B 站用户，在站内并没有所谓的 "好友关系"。

B 站的流量也不是完全来源于平台算法，这跟抖音是不一样的，抖音靠不断研究用户爱看什么，在哪一类视频逗留的时间长，然后一直给该用户推荐这类视频。

B 站的用户还是有一定的自主选择权的。

提到用户的自主选择权，我们需要重新讨论一下 UGC（User Generated Content，用户生产内容）和 PGC 这两个概念。

有人把抖音上的视频称为 UGC，把 B 站上的内容称为 PGC，其实从现在行业实况来看，完全是相反的。在抖音上，纯素人是竞争不过专业 MCN（国内的 MCN 可以理解为网红孵化经纪公司）的。大家刷抖音就会发现，你能刷到的，已经是点赞量几万，甚至几十万的视频了。MCN 机构可以投入专业团队去研究不断变化的抖音流量算法，可以去拆解分镜头脚本，也有资本投入初期的起量推广期。

但在 B 站上，MCN 机构反而无从下手。UP 主的内容没办法套入任何一个模板，视频付费推广 B 站又一直很克制。所以，真正的素人内容平台，其实还是 B 站。

相比于抖音、快手、视频号以 1 分钟为主的视频，B 站的视频明显更长，用户愿意给 UP 主更多耐心，让 UP 主讲述一件更完整的事情，而不是为了压缩时长、抢占注意力只能做纯吸睛导向的内容。

3. B 站新的内容生态

对于最早的一批原生用户而言，B 站早期的内容就可以满足他们的需要。但引入了大量新用户后，为满足新用户的需求，B 站就需要鼓励 UP 主生产兴趣标签更广泛的视频内容。

这一点从 B 站 2020 年新上线的分区、活动中就可以发现——B 站的内容标签，已经越来越跟其他短视频平台趋同了：知识区、美食区、情感视频、汽车视频、海外视频、美妆视频、"种草"向视频。

4. 在 B 站推荐算法下的内容逻辑

相比于抖音的以算法为核心的推荐制，B 站的算法味儿显得没那么重。

但正如前文所言，B 站的用户总量和爆款视频播放量，相比于其他平台，还是有很大差距的。

2020 年 B 站 Q4 及全年财报中提到，B 站日活 5 400 万；2021 年 1 月 5 日，抖音在《2020 抖音数据报告》依然只提到了 2020 年 8 月的日活数据，当时抖音日活突破 6 亿。而关于西瓜视频，目前能找到的官方数据只有 2019 年 7 月公布的日活 5 000 万。同样值得一提的，在早些年就以"中视频"呈现 VLOG 的微博，2020 年 Q3 财报公布的日活是 2.24 亿。

在 B 站热门视频排行榜上，几百万播放量已经是非常高的水准了，千万播放量就是顶级流量了。但在其他平台，可能一个账号日常播放量就能到几百万。

仅从数据对比，也不完全合理。

要了解 B 站的底层内容逻辑，我们还是要跟其他视频平台横向对比。关于各个平台的底层内容逻辑，说法并无定论，以下仅是个人观点，各位读者可以自行斟酌。

快手倾向于致富励志，抖音倾向于颜值段子，B 站倾向于普通人最不普通的经历，西瓜视频倾向于普通人不同寻常的生活。

西瓜视频和 B 站常被作为竞品来对比，但我认为，西瓜视频从用户画像推导的底层内容逻辑来分析，更合适对标快手。

B 站的底层内容逻辑，是结合了有意思、有用、有情绪这三点。一般来说，B 站用户关注一个账号的决策成本相比其他平台更高。有意思会使用户点进来、看完视频，产生点赞、弹幕、评论等行为；有用会触发收藏、投币等进一步的肯定行为；有感情才是 B 站用户关注一个 UP 主的终极原因——通过视频，用户感觉到 UP 主在创作时候的感情，同时对这种感情产生了共鸣，用户认为 UP 主是同路人或者是引路人，会觉得 UP 主生产的内容有长久关注的价值。

目前主流的新媒体渠道有：微信生态（公众号、视频号、社群），微博，抖音，快手，淘宝直播，B 站，知乎，小红书等。此前有很多在这些新媒体渠道的操盘手，会分析平台算法和流量机制，会帮助入局者拆解玩法。

很明显，B 站的爆款并没有"招数"可言。很多初入 B 站的 UP 主，可能只是普通的学生、上班族，但一样能创作出几十万播放量的爆款视频。而在如抖音这样的平台，"素人"被看到的机会越来越少。

B 站对自己的内容有一个非正式解释——众所周知，B 站是一个学习网站。

但 B 站真是一个学习网站吗？很遗憾，并不是。

学习本身是一件非常枯燥、艰难的事情。每天上学、上班已经要学很多知识了，闲下来想刷一会儿 B 站，核心诉求还是放松。

我们来看两个对比账号——罗翔老师说刑法（截至 2021 年 2 月初 1 200 余万粉丝）和一位名校数学老师（截至 2021 年 2 月初 88 万粉丝）。前者视频播放量动辄百万以上，而后者日常播放量大约只有 5 000。为什么会产生这么巨大的差异？我们会在下一节的分区拆解中详细分析。

第二节　B站热门分区拆解

不同于其他视频平台，B站对 UP 主内容定位并没有专一性要求。

截至 2021 年 10 月，B站 UP 主可自由选择生活、美食、游戏、音乐、时尚、知识、娱乐、影视、动画、汽车、舞蹈、科技、国创、鬼畜、动物圈、运动十六大分区投稿。

曾经 B 站的"主流区"是 ACG 主导的游戏、舞蹈、音乐、动画、鬼畜。随着用户破圈，生活区、时尚区逐渐起量。2020 年是 B 站的破圈之年，6 月知识区上线、9 月美食区横空出世，这些泛生活化内容渐渐稀释了过去的 ACG 内容。

一、B站的内容生态

B 站高层多次在公开场合提及，B 站内容生态的三大基石分别是：PUGV（Professional User Generated Video，专业用户生产视频，可以理解为广义上的 UP 主视频）、OGV（Occupationally Generated Video，专业机构生产视频，可以理解为纪录片、国创、番剧等专业机构生产的节目）和直播。

2020 年 B 站全年财报显示，B 站日均播放量 12 亿次，平均一个月全站有超过 47 亿次互动，91% 的播放量来自 UP 主创作的 PUGV 内容。

而在 OGV 领域，B 站 2017 年上线了国创区，2019 年国创区共上线 104 部国产动画作品。也是在 2019 年，B 站国创区月活跃用户数量第一次超过了番剧区，总播放时长突破了 3 亿小时。2020 年 11 月，B 站举办了第三届 "MADE BY BILIBILI" 国创动画作品发布会，公布了要上线的 33 部国产动画。在 2020 年 B 站公布的 "上线 OGV 作品 TOP10" 中，国创占据其中 4 席，上榜作品为《仙王的日常生活》《元龙》《天官赐福》《凡人修仙传》。

在其他影视方向上，2018 年夏天 B 站自制纪录片《人生一串》，两季播放量超过 1.6 亿次。2020 年 8 月底，B 站宣布以 5.13 亿港元战略投资欢喜传媒，获得欢喜传媒主控项目的优先投资权，并占据其 9.9% 的股份。

这一投资完成后，B 站出品了《风犬少年的天空》，这部作品也在 B 站上产出了丰富的二创作品（二创，即根据已有作品进行二次创作）。"风犬少年的天空" 作为站内独立频道，截至 2021 年 3 月，已有 1.3 万人订阅，相关视频 1.5 万支，总播放量 9 958 万次。

B 站 COO 李旎在 2020 第三季度财报会上曾表示，会持续投入 OGV。B 站的口号也更新为 "你感兴趣的视频都在 B 站"。很显然 OGV 内容，无论是综艺、电视剧、电影、纪录片，都是年轻用户感兴趣的重要内容部分。

B 站付费大会员，主要是为了观看 OGV 内容充值。截至 2020 年 12 月 31 日，B 站付费 "大会员" 数量为 1 450 万，同比增长 91%。大会员连续包年价是 148 元 / 年，可以在手机、电脑、iPad 通用，"电视大会员" 连续包年 178 元 / 年，可以再增加电视观看。

OGV 内容是 B 站拉新用户的一个重要吸引力，并且有利于大会员、广告业务的增长。

2020 年 8 月，B 站上线了首档综艺自制节目《说唱新世代》。截至 2021 年 3 月，这个节目站内播放 5.3 亿，相关标签订阅 3.7 万，PUGV 视频 3 万支、总播放量超过了 4.3 亿。

有 B 站用户会通过百大 UP 主的分区变化，提到 B 站变了。实际情况是，大部分看似突然出现的生活区、知识区、时尚区 UP 主，从几年前就已经在 B 站发布视频了，只是因为当时用户群体更聚焦于 ACG 文化。随着 B 站出圈，引入大量兴趣标签更广泛的用户，才让曾经的 "小" 区变成了如今的 "大" 区。

相比于其他平台的流量集中于头部账号现象，目前来看，B 站的流量对于新人 UP 主来说还是非常友好的。

董事长陈睿，在 2020 年 6 月 26 日 B 站 11 周年演讲中提到，B 站有 70% 的流量是分配给中小 UP 主的，万名粉丝以上 UP 主数量同比增长 82%。

而根据 2020 年第四季度 B 站财报，UP 主创作的 PUGV 类内容占平台整体播放量的 91%。

B 站的内容生态从最初的 ACG 内容（动画、漫画、游戏），再到音乐、舞蹈，随之衍生到科技、生活、财经、职场等。

B 站一方面投入重金引进更多番剧，在国创投入超过 10 亿元主导参与出品 104 部作品，这些照顾到了 ACG 老用户的需求；另一方面引入内容多元化的 UP 主、购买影视剧版权，满足新用户的需求。

二、"我在 B 站搞学习"到知识区正式上线

知识区流量最高的视频选题，本质并不是知识，而是带有知识元素的休闲视频。

1. B 站知识区

2020 年 6 月 5 日，B 站知识区正式建立，最早知识区分为六大类二级分区：科学科普、社科人文、财经、校园学习、职业职场、野生技术协会。

原本曾归属科技区的科学科普、社科人文、野生技术协会都被并入知识区。经过将近一年的发展，知识区也涌现出了诸多代表性 UP 主，如：半佛仙人、毕导、罗翔老师说刑法、所长林超、蜡笔和小勋、IC 实验室等。

在知识区六大类二级分区中，把各个分区的"近期视频"按播放量从高到低排序如下。

社科人文播放量最高，而且 UP 主的视频播放量差距值呈缓慢下降趋势，即视频播放差距不大。

其他如职业职场、校园学习、野生技术协会，除了几个播放量过百万的视频外，其他播放量比较高的视频也只有 20 万左右。

财经分区的播放量断层尤其明显，只有硬核的半佛仙人，以几百万的播放量高居榜首，接下来的视频播放量明显断层，直接落到小几十万。

在经过一年的内容运营后，2021 年 6 月 2 日，知识区调整了分区规则，改为科学科普、社科·法律·心理、人文历史、财经商业、校园学习、职业职场、设计·创意、野生技能协会，变成了八个二级分区。

调整后的二级分区投稿类型更加清晰，其中社科·法律·心理偏向观点输出型内容；人文历史偏向文化、历史、奇闻等。

2. 知识分享官与优质 UP 主

B 站在开放了知识区后，为了鼓励更多的优质知识区投稿，开放了"知识分享官"活动。在后文中我们也会提到参与 B 站热门活动的必要性，在此先为各位读者简单讲解一下知识分享官的活动，这是 B 站知识区每个月基本都会举办的有奖投稿活动。

投稿需要选择知识区，并加上"知识分享官"标签。视频时长一般要求在 30 秒以上，视频内容为泛知识类，如科学科普、人文历史、职场学习等。参与活动除了可以获得奖金之外，如果有作品获奖，也可以申请知识领域优质 UP 主认证。

除了站内参与知识分享官的方式获得认证，如果创作者本身在平台已经有一定粉丝基础，也可以通过以下两种方式申请认证。

（1）在站外主流视频平台，如抖音、快手、微博、西瓜视频等，粉丝过百万；账号内容优质，为本人或团队所有。

（2）站外专家学者，或知识、观点类内容作者，如知乎、微信公众号粉丝过 50 万；参加"知识分享官"活动并获奖。

案例："罗翔老师说刑法"

提到知识区的代表性 UP 主，肯定要说"罗翔老师说刑法"。罗翔是中国政法大学的教授，厚大法考的刑法授课老师，入驻 B 站两天粉丝破百万，并在入驻当年获得 2020 年百大 UP 主，成为 B 站顶流级别千万粉丝 UP 主。

很多网友关注到，罗翔老师的讲课背景是"厚大法考"，这是一家司法考试培训机构，公司主体是北京厚大轩成教育科技股份公司。

实际上，在罗翔老师正式入驻 B 站之前，B 站上就已经有很多罗老师的"厚大法考"课堂剪辑。因为罗翔老师讲课非常风趣，能用有意思的案例把知识点讲清楚，所以受到了很多学生的喜欢。

罗翔老师的内容本质不是纯粹的知识学习，是讲带知识点的故事。

我们来看一个对比。

罗翔老师在 B 站上有一个专门的频道，订阅超过 26 万，相关视频超过 1.3 万个、播放量 12.7 亿、精选视频超过 630 个。早在 2019 年，"罗翔"标签的视频就超过了百万播放量。

同样在 B 站，"法考"频道有超过 4.8 万订阅、2.4 万视频、4.4 亿播放量，精选、综合页划过五屏都是罗翔老师的封面图。

"罗翔"的订阅 26 万，"法考"的订阅 4.8 万，侧面说明关注罗翔老师的粉丝，有很大一部分人对于"法考"并没有需求。

应试技巧与知识分享，本质上是两件事情，应试需要大量地做题、背书，这是一件特别枯燥且痛苦的事情，而且应试类内容的受众在考试结束后会"脱粉"。比如，专注高考数学真题讲解的老师粉丝量接近百万，但是日常讲题视频的常规播放量只有几千。

罗翔老师能吸引大量粉丝主要因为 B 站特殊的年龄群体——很多用户都是学生，所以当大家看到"纯知识内容"也会先关注。但日常的知识视频，并不是一类容易引发二次传播或者话题传播的内容。

我们其实可以看到"厚大教育"在 B 站上的官方账号 2017 年就发过罗翔老师的课程视频，但罗翔老师的爆红，不是因为每堂长达 1 个多小时的课程，而是二创 UP 主们精炼出的传播点。

讲课和做视频，本质上就是两件事情。讲课的重点是学生们听了之后能考出不错的成绩，视频的重点是选题和传播度。

另外，我们还可以从罗翔老师入驻 B 站的粉丝增长情况上，得到一点启发。

之前也有一些明星类账号，在微博等渠道粉丝量非常多，引入 B 站后也确实是做了相对精细的视频，但粉丝增长情况并不理想。相反，一些之前在 B 站上成为"UP 主二创素材"并不算是非常当红的明星，入驻 B 站后却有不错的关注度。

实际上，B 站在引入站外大 V 的过程中，并没有非常强的推力作用，能否被 B 站网友认可关注，主要还是看站外大 V 能否与 B 站氛围融合。

罗翔老师在 B 站成了现象级 UP 主，首先肯定是因为内容好，兼具趣味性、传播点、知识点，但最重要的原因是，罗翔老师在入 B 站之前，其教学内容就抢先成了站内 UP 主的"二创对象"。

UP 主在罗翔老师浩如烟海的课程内容中，先提炼出了最有传播点、B 站网友最喜欢的爆点，然后把长达 1 个多小时的课程，精剪到了 3～5 分钟，并加以互动视频等效果，再一次增加了可看的趣味性。

所以，在这样的"前期传播"下，2020 年 3 月 9 日罗翔老师本人入驻 B 站时，第一条视频播放量就超过了 1 200 万。

而罗翔老师讲课的"背景板"厚大教育，2021 年 2 月粉丝量达到 57 万。作为一个教育机构企业号来说，在 B 站上，这已经是很不错的成绩了。

因为罗翔老师在讲案例的时候，特别喜欢用"张三"这个名字代入，还带火了"张三"这个梗。B 站 UP 主"张三的传奇一生"2020 年 7 月开号，根据罗翔老师讲课内容进行"互动视频"的二次创作，只发了 15 个视频，粉丝量就超过了 130 万。

罗翔老师和二创 UP 主们，其实是互相成就。

案例：知识区趣味科普 UP 主"毕导"

同样是知识区代表 UP 主，毕导走的是另一种创作路线。在公众号时代，毕导就是非常知名的科普类公众号 KOL，2016 年开始做公众号，做到了百万粉丝。

毕导在 B 站上播放量最高一期的视频，是 2020 年 4 月发布的《上厕所时如何科学压水花》，播放量近 500 万。2020 年一年视频播放量也稳定在 200 万左右。这期视频其实源自 2017 年 12 月份发表的一篇公众号文章，毕导以文章为基础把内容改编成视频。

首先，毕导的内容创作门槛是非常高的。能想出这样的选题已经非常不容易了，何况要把它写成一篇非常有意思的文章，再通过视频的形式呈现出来。

与罗翔老师一样，毕导也是名校背景。在清华大学攻读化学工程博士期间开创了自己的公众号，在校期间还兼任了带班辅导员。

毕导曾经提过他是如何评估自己所写的内容的——把文章预览发给朋友，看着对方阅读时的面部表情，哪段读得快，哪段读得慢，哪段希望读者笑的地方没笑，不希望读者笑的地方反而笑了，哪段眼神失去兴趣可能会关了（因为连朋友都关了，观众肯定早关了），把每个节点都记下来。

观众的视角是感性的，但创作者对待作品需要更"理性"。经过一次次复盘分析，毕导甚至可以在文章发出后，大致预估出这篇文章的阅读量。

毕导是在 2017 年年底开始在抖音和 B 站上发布视频的，在一次分享会上，他提到直到 2019 年，他的 B 站粉丝数还是几万人，当时的视频主要是VLOG 随记。

2019 年 10 月，毕导在 B 站上发了第一支经典"知识区视频"——《如何得一个诺贝尔奖》，播放量近 200 万，随后每支视频播放量都在 200 万左右，现在毕导最受欢迎的视频选题，还是偏向公众号风格的趣味科普。

从图文到视频创作，毕导建立了自己的创作体系。图文创作需要严谨的创作思路，视频创作也一样。相比于图文，视频会通过画面、台词、配乐，甚至表情，从多维度让观众产生共情。如果做得好，每个维度都可以加分。

但这也意味着，如果一个环节欠缺考虑，就会影响观众的体验。在短视频创作中，毕导会从分镜、台词、取景等步骤拆分，建立好视频内核，同时从灯光、音效、后期特效维度让成片儿更具观赏感。

3. 知识型视频的选择与运营

看过上面的案例，不少人会说，我没有罗翔老师的知识储备，也没有毕导这么强的内容策划能力，就是一个普普通通的学生，或是一个普通的上班族，也可以在知识区找到自己的位置吗？

当然可以。

在知识区的二级分区——校园学习中，你可以看到高中生 UP 主、大学生 UP 主，他们分享自己的学习心得、校园生活，从考研到留学，从托福到日语、生物、编程、化学，也有年仅 15 岁的 UP 主分享自己的弹唱视频。

B 站的知识区不只是"你教我学"的状态，创作者完全可以分享自己正在经历的生活。

目前，在学习类频道中，英语订阅人数超过 50 万，包括口语、听力、语法、四六级；考研订阅超过 30 万，相关视频中不仅有怎样考上名校，也有没考上名校之后如何通过努力依然过上了自己满意的生活。

同样，在知识区二级分区——职场中，也能看到不同行业的 UP 主，他们分享自己的职业故事。关于这类选题，此前 B 站还上线了"聊聊我的职业"投稿活动。

这些都是对用户有价值的内容。如何找到"大厂"实习、产品经理到底要会哪些技能、怎么写简历更容易通过初次筛选……其实 B 站生态不需要所谓的"大佬"，也不需要创业成功、身价千万的 UP 主，反而越是普通人的职业经历，越能让用户认为这是接地气的、能参考的经验。

我从 2015 年开始，一直在研究新媒体生态，经历过微信公众号的"造富"神话，也知道有太多一夜涨粉几十万甚至几百万，最终依然不了了之的抖音红人。这些年有两点感触最深：第一，爆红确实有运气的成分；第二，常红一定是需要认真经营的。

认真经营的内容，是可以适应各种新媒体内容形态的——无论下一个新媒体平台是什么，像打磨产品一样打磨作品，认认真真地为粉丝提供他们需要的内容，才是经营之道。

另外，选择不同的知识账号类型，决定了不同的运营策略。

前面提到应试类内容的受众会在考试结束后"脱粉"，其实"关于不需要了就脱粉"，不仅存在于考试类账号，还普遍存在于母婴类账号。

这里涉及一个词叫"账号的用户成长"，用户从接触一个新产品到流失会经历学习期—发展期—稳定期—衰退期—流失期这五个阶段。其他类型的账号，比如，科普类的账号、美食类的账号、时尚类的账号，只要关注了，就会一直对此类内容有需求。但母婴类的账号则不同，孩子的婴幼儿成长期就只有零到三岁。过了这个阶段，新手妈妈就不再需要如何冲奶粉、如何做辅食、如何教宝宝翻身……诸如此类的内容了。

所以这种类型的账号，需要一直处于涨粉期，一直有涨粉的压力。相对而言，在新手妈妈最需要这类账号内容的时候，也是这类账号商业化能力最强的时候。

我们可以再把思考方向转回来，如果创作者做知识类的 UP 主，只聚焦于法考、考研、真题讲解，度过了这一个考试期之后，这些内容对这一批用户来说就没有价值了。

当然，这个选择是因人而异的，如果你做垂直阶段性的内容，并且能有阶段性运营的准备和规划，这样的内容也可以为 UP 主带来较好的收益。

三、从时尚区看"种草类"视频的发展

时尚类内容是公认的最好导流转化获利的品类之一，对应的视频选题有化妆品、护肤品、箱包服装、美发产品、香水等。时尚品类本身有大量的广告宣发诉求，而且每一季都有不同的主推新品，因此，时尚品类也是最容易

产生复投的品类之一。

各个新媒体平台的时尚类细分主题、创作要素略有差别，我们先来看一下 B 站时尚区的细分内容。

前面提到过，在各个新媒体平台上，时尚类内容都是公认的、最好转化获利的内容品类。不管是化妆品、护肤品、背包、首饰，还是网红零食、高颜值小物件，甚至是时尚家居、香薰、小家电等，都可以在时尚区被"种草"。

目前，B 站时尚区有三个二级分区：美妆护肤、穿搭、时尚潮流。

更容易转化获利的内容，相对的竞争压力也更大。但 B 站时尚区有一点不同，很多 UP 主不是因为某个妆效、某个时尚知识点火起来的，而是因为一边化妆一边聊天，聊天中提到的某个话题火起来的。

这也是因为 B 站的中视频特质，让时尚区 UP 主能有时间多展示一些除化妆之外的经历，而这些经历让 UP 主的形象更饱满，更容易被粉丝认同。

在此之前，我们需要再明确的一点是，时尚类内容，表面可能是美妆、护肤、穿搭、健身，实质上视频一定要有精神内核。UP 主还是要通过视频传递生活态度和理念，陪伴粉丝共同成长。大家关注 UP 主的原因可能是："他过成了我想要的生活"；或者是"他会陪伴我变成我想要的样子"。

案例：@ 超级白 SuperWhite

@ 超级白 SuperWhite

2018 年 5 月，超级白在 B 站上发了第一支视频。这一年是他在加拿大读书的最后一年，他之前就会看一些 YouTube 的篮球教学内容，自己也喜欢打篮球，就找朋友帮忙拍了一期视频，记录了约克大学校队教练兼篮球训练师的一对一训练，包括训练技巧和辅助器材使用。

这支视频发出后，隔天早上，朋友就给他发微信：你的视频有 5 000 人看过了。

第一支视频第一天播放量就到了 5 000，这对超级白来说是一个很大的鼓励。早在初中的时候，他就喜欢自己做小短片，还会给班里的活动做视频记录。当时不懂剪辑，做出来的视频就像PPT。

在国外求学的时间里，他学过工商管理，后来转到了经济学，毕业后回国工作了一段时间，是在商场做运营。这项工作需要接触很多商户、顾客，这段经历让他学会了怎么发现身边人的"频率"，知道大家关注的点在哪里。

因为最早发篮球内容，所以一直以来超级白的粉丝都是男性居多。为了寻找观众的"频率"，他会把自己带入观众视角，回忆当年自己上高中、上大学的时候喜欢看什么样的视频。

在上班最辛苦的时候，他还会熬夜剪视频。直到2019年夏天，超级白获得了10万粉丝奖牌，也决定全职做UP主，拍视频是他的爱好，也是他未来的事业。

因为运动类视频需要"解放双手"，所以从全职做UP主开始，超级白都是自掏腰包，请全职摄像师跟拍。到现在为止，账号收入还不能完全负担开销，需要再垫钱。家里给了他一些资金支持，用于购买设备、维持初期开销，跟他说：如果你有能力，就去创造属于自己的价值和财富。

超级白最早几期视频发的都是篮球技巧，弹幕里陆续开始有人问：UP主穿的是什么鞋？

于是，2018年8月，在更新了五期篮球教学视频后，他和姐姐一起出镜，做了一期球鞋测评，结尾还有穿上球鞋打篮球体验。

他的球鞋测评很有亲和力，你会感觉这就是身边的朋友，买了一双篮球鞋，跟你介绍这双鞋好在哪里，然后跟你一起穿着这双鞋，一起打球。

超级白在几年里，从最开始的篮球教程，到球鞋测评，再到生活VLOG、运动VLOG、时尚穿搭，与很多UP主一样，他对自己的内容定位并没有做严格划分。在他看来，就像人的成长有过程、有变化一样，他的视频内容也会随着个人成长而变化。

超级白最开始做篮球视频是因为当时太喜欢打篮球了，开始会研究篮球的每个动作，后来会跟其他UP主同框，再后来会探店、分享穿搭。

目前，超级白的投稿主要集中于生活区、时尚区，在时尚区的投稿除了自己的穿搭之外，也会基于时尚风向标分享看法。

在他看来，男生关注的时尚相关的消费分类没有女生多。男生主要关注的消费点，就是球鞋、手表、潮玩、游戏、汽车。女生看到一个非购买计划内、很好玩的东西，可能很快被"种草"，但"种草"之后会货比三家，或者需要一段时间才能下购买决定。但男生一般不太容易被"种草"，而是会直接搜索自己需要的东西，如果不是单价太高，都会马上下单，愿意尽快拿到产品。

很多男生从小学四五年级就喜欢上了球类运动，相比于足球有场地需求和人数需求。篮球只要几个人、一个篮筐就能打。迷上篮球和迷上篮球球星，几乎是同步的，每个喜欢篮球的男生都会有自己最喜欢的球星，也会有因此被"种草"的球鞋、球衣，上学时没太多钱买大件，那就买护腕、杂志。

男生一般不会研究搭配，也很少对衣服品牌、材料有兴趣，大部分男生只会在自己刚好需要买件衣服的时候，一看你穿的这件显得很有精神，就直接问你，这衣服在哪儿买的？如果你想告诉一个男生，这个运动品牌很不错，除了性能、性价比之外，也要让他感觉到，这些品牌穿上后会有很向上的精气神。超级白就是这样做的。

如果新手 UP 主想做时尚类内容，还是要找到视频背后的价值观，要表达自己的态度，并在此基础上分享你喜欢的风格和时尚元素给观众。

启动期的视频还是尽量与热点联系得多一点，这样能够增加第一期视频的曝光度，多想一些点子，要跟别人不同。后续再慢慢给大家展示出自己更全面的生活。

只要你相信自己是有才华的，就不要怕被埋没，有时候内容没办法那么快被大家看到，要有做好受挫的心理准备。

接下来我们看一下时尚区几类热门内容的详细情况。

1. 美妆

我们先看一下 B 站美妆类的视频播放量情况。

美妆二级分区相关标签有：护肤品、彩妆、化妆教程、发型、口红、种草、COS 仿妆大比拼、试色、护肤、化妆技巧、创意妆等。

目前来看，美妆类视频播放量的阶梯相差不大，还有很大的成长空间。因为这也是商单更多、更好转化获利的品类，所以我们把美妆相关的热门频道数据，在此做详细展示。

单独频道稿件数据如下（截至 2021 年 2 月）。

美妆：订阅 118.3 万，视频 177.4 万支，播放量 120.3 亿次、精选视频 2 399 支。

护肤：订阅 539. 万，视频 21.3 万支，播放量 14.9 亿次，精选视频 655 支。

彩妆：订阅 31.4 万，视频 74.5 万支，播放量 58.5 亿次，精选视频 2 535 支。

口红：订阅 13.4 万，视频 8.7 万支，播放量 8.7 亿次，精选视频 276 支。

日常妆：订阅 9.7 万，视频 9.3 万支，播放量 7.3 亿次，精选视频 317 支。

化妆品：订阅 6.4 万，视频 22.1 万支，播放量 17.5 亿次，精选视频 646 支。

美甲：订阅 4.9 万，视频 12.1 万支，播放量 1.9 亿次，精选视频 92 支。

眼影：订阅 3.7 万，视频 2.3 万支，播放量 1.7 亿次，精选视频 105 支。

底妆：订阅 3.2 万，视频 7 115 支，播放量 1.1 亿次，精选视频 97 支。

眉毛：订阅 2.5 万，视频 1 万支，播放量 7 133.8 万次，精选视频 36 支。

仿妆：订阅 2.2 万，视频 5.5 万支，播放量 4.3 亿次，精选视频 405 支。

发型：订阅 58 万，视频 24 万支，播放量 15.5 亿次，精选视频 764 支。

发型教程：订阅 6.7 万，视频 7.1 万支，播放量 4 亿次，精选视频 187 支。

染发：订阅 2.6 万，视频 1.9 万支，播放量 1.7 亿次，精选视频 132 支。

这份记录可以帮助想做美妆领域 UP 主的创作者选择自己的选题范畴，大家可以优先选择订阅人数高的频道、标签。

此外，因为 B 站或者说任何一个视频平台，都有"选题流行期"，同一类型的选题，在某一段时间发可能有很大的流量，但不意味着它现在依然有流量。

在"护肤"相关内容中，有一些科普类视频，比如，《皮肤科医生测评 14 款主流唇膏》《医学博士教你如何颜值逆袭》等。

在"美妆"相关内容中，也有从"手工"内容跨界而来的视频，比如，《为六神花露水瓶子描金》等。

除了女性会创作美妆相关视频，很多男性也会发美妆、形象管理相关视频。不少男性化妆师也入驻了 B 站，分享美妆技巧和生活经历。

同样，有一些原本是生活区的 UP 主，也选择在分享日常时，一边聊天一边化妆。美妆区确实有很多化妆技术非常出色的 UP 主，发展到现在，美妆内容的竞争已经不单纯是美妆技术的竞争，"美妆＋×"，才是新入局 UP 主突围点。"×"可以是舞蹈、音乐、科普、搞笑，或者跟观众聊聊最近发生的热点。

2. 服饰

B 站服饰品类下有评价、潮流、LOLITA FASHION（洛丽塔风尚服装文化）、汉服、穿搭、COSPLAY、种草、快时尚等标签。

汉服、COSPLAY、LOLITA FASHION 这三个频道其实是 B 站最早的原生内容，但这三类视频最主要的不是"种草向"，是"分享向"。

"种草向"比较直接的是"穿搭"频道，有 68.9 万人订阅。而"种草"频道有 29.3 万人订阅。"种草"频道中，除与时尚相关的内容外，也有关于 App、文具、球鞋等分享内容。

目前跟男性时尚关联度最高的频道主要就是球鞋（6.9 万人订阅）、手表（2.7 万人订阅）。"球鞋"内容已经证明可以出现头部 UP 主，比如，2020 年百大 UP 主 Zettaranc（Z 哥）。Zettaranc 2018 年 8 月开始更新，最早的几个视频是聊足球的，2018 年年底开始评测球鞋，截至 2021 年 2 月粉丝超过 190 万。

3. 健身

健身类内容包括瑜伽、芭蕾、普拉提、瘦身、增肌、减肥、减肥餐等内容。

如果做垂直类健身 UP 主，还是要以专业教程为主要选题方向，其他区 UP 主也会偶尔跨界分享自己的减肥、塑形、健身经验或者 VLOG。对于无专业背景的新人 UP 主来说，这类内容可以偶尔作为选题，若以此类内容做垂直领域就比较难。

B 站 UP 主在为账号命名时，一般不会带"垂直分类词"，比如，××健身、××瑜伽，UP 主一般都是以人格化的命名方式为账号命名。

拥有百万粉丝的健身区 UP 主——瘦不了猫，在 2020 年 1 月创作了一期《石原里美式下颌线》，成了千万播放量的爆款视频。在此之前，她因为《这样喝水让我十天瘦六斤》涨粉 20 万。

在访谈中，她也提到了作为健身区 UP 主面临的困境。当时她在健身领域的创作灵感逐渐枯竭，已经没办法跟上视频更新的速度了，也避不开同质化与流量增速减缓等此类型视频普遍存在的问题。

账号不像过去一样能够保持周更，如果想提高曝光度，必须要考虑扩充视频领域。她尝试过健身舞视频，也分享过失眠、婚恋观点视频。在转型心态上，瘦不了猫分享了一点她的感受：要把自己当成新注册用户一样做转型，要当过去的荣誉、播放量和积累都不存在。

B 站从"小众文化"内容起家，发展至今开始重视"种草"类内容。这一点从 B 站面向 UP 主的征稿活动中也可以看出。时尚类作为"种草"大区，每个月都会以不同活动鼓励新用户发布视频。征集活动细化到健身、化妆、穿搭、护肤、男士时尚、时尚科普。

随着用户数的增长，未来 B 站 UP 主的广告价值将更加可观。

四、"看车看房"高净值内容的站内前景

汽车、房产、商业这三类内容，在微信、微博、抖音等内容生态中，无论是账号定位、流量积累，还是商业化模式，都已经发展得很成熟，内容也比较饱和了。

因为这几类内容对应的行业，获客成本和预算本身就高，所以同量级粉丝的情况下，这几类账号的广告报价可以是其他品类的两倍，甚至更高。

1. 汽车

以汽车垂直分类为例，2020 年，汽车还被分在生活区的二级分区，2021年 4 月，就升级成为独立的一级分区。

目前，B 站汽车区共有五个二级分区：汽车生活、汽车文化、汽车极客、智能出行、购车攻略、摩托车等二级分区。

在 2020 年 9 月之前，B 站上原生、原创汽车 UP 主非常少，大部分是从抖音、快手等其他平台迁移过来的，或者只做视频转载混剪。2020 年 9 月，上线"B 站车友会"，鼓励 UP 主上传购车、养车知识，分享驾车旅行经历，征集试驾体验，征集车主故事，B 站开始重视原生 UP 主的原创选题引导。

截至 2021 年 3 月，B 站"汽车"频道共有 45.5 万人订阅，视频总数超过 144 万，播放量超过 96 亿次，有 3 279 支精选视频。

汽车领域最有代表性的 UP 主——终极小腾，2019 年 2 月开始更新，当年共投递 16 支视频。截至 2021 年 2 月，他的粉丝量达到 152 万，共投递 45 支视频。我们可以看到，平均一支视频涨粉 3 万，这是很不错的涨粉速度了。

小腾播放量最高的一支视频选题是围绕"顶级"设定的，随后几支播放量高的视频都锁定"顶级"这个标签。用户看小腾的视频，其实不全是为了看车，也是为了看不同的生活状态，以看故事的心态看视频。

终极小腾的内容并不是导购，也不具备"种草"属性，而是偏向"讲故事"，这种故事性选题受众面更广。

我们来继续拆解一下汽车相关的频道和标签。

在更具有购车指导属性的"汽车评测"频道，截至 2021 年 2 月，只有 5.7 万人订阅，总视频数只有 1.2 万支、视频总播放量 1.3 亿次。

我们来对比一下商业化、内容更成熟的抖音平台。抖音上主要是按 # 标签索引，# 抖音汽车标签下视频总播放量 521.3 亿次；# 带你懂车标签下视频总播放量 156 亿次。

从相关标签对比来看，抖音的播放量是远高于 B 站的，差距大的原因是抖音日活大约是 B 站的 10 倍。

我们还是再看一下平台日活对比。

2021 年 1 月 5 日，抖音发布的《2020 抖音数据报告》提到，截至 2020 年 8 月，抖音日活用户突破 6 亿。

2021 年 2 月 25 日，B 站发布 2020 年 Q4 及全年财报，Q4 日活用户为 5 400 万。

B 站在 2020 年的重点目标就是出圈和用户增长，2020 年 Q4 比 2019 年同期日活、月活都增长了 50%，但这还远远不够。

我们上文提到，B 站的对标并不全是抖音、快手、优酷、腾讯、爱奇艺、YouTube，有行业分析中用 B 站的某一特色或者某一功能点对标上述平台，但 B 站并不需要样样"像"点、样样"差"点。

我们对 B 站充满期待的一大原因，其实是从目前看，B 站还应该有很大的增长空间，无论是在用户规模、内容品类，还是在商业转化渠道上，都有可增长的点。无论是企业方还是创作者，都在期待 B 站接下来的动作。

对于希望入局汽车领域的 UP 主来说，应该重点关注的 B 站 "汽车垂类" 活动。

汽车内容方面，B 站推出看 "汽车玩家招募令" 系列有奖投稿活动。选题范围包括但不限于：汽车生活、汽车干货、汽车资讯、车模改装，车也不限于四个轮子的汽车，两个轮子的摩托车也在活动范围里。

如果创作者本身就是汽车方面专业人员，比如，汽车销售人员、车模、汽车媒体编辑，或 4S 店、修车行、洗车行、汽车厂家等一系列汽车相关行业的从业者。在做汽车视频上就有了拍摄场地优势、素材优势和知识优势。

如果创作者是汽车爱好者，或者是自驾爱好者，也可以把视频投递到车友会、自驾游等 VLOG。这些内容目前在 B 站上还是蓝海，虽然已经有一部分 UP 主做出了代表性视频，但长期来看，汽车领域的 UP 主还有增长机会。

我们最后来看一下汽车品类相关的频道订阅情况（数据截至 2021 年 2 月）。

跑车：8.5 万订阅，11.6 万支视频，10.5 亿次播放量，384 支精选视频。

摩托车：10.2 万订阅，18.1 万支视频，12.6 亿次播放量，392 支精选视频。

特斯拉：1.7 万订阅，2.4 万支视频，2.6 亿次播放量，103 支精选视频。

豪车：2 万订阅，4 万支视频，6 亿次播放量，452 支精选视频。

其他频道如 SUV、汽车模型，订阅人数都不满 1 万。

还有两个划分在旅游类，但与汽车相关的频道。

房车：1.6 万订阅，2.9 万支视频，1.9 亿次播放量，102 支精选视频。

自驾游：1.4 万订阅，8.9 万支视频，3.2 亿次播放量，88 支精选视频。

在 B 站上发布视频，目前还不需要 UP 主去苦苦钻研平台流量规则，也不需要用氪金去买推广，这也是一直以来很多 UP 主都依然留在 B 站"用爱发电"的原因。虽然收入不高，但这是一个相对公平的创作环境。

2. 房产

除了汽车之外，房产相关内容也是"高净值内容"。目前在 B 站房产类内容被划分在生活区下，相关标签有家居、装修、租房等。

在 B 站，一提到房产相关 UP 主，最有代表性的就是"小艾大叔"，39 支视频涨粉 200 余万，还成了 2020 百大 UP 主。小艾大叔的内容最常打的标签是：豪宅、室内设计、装修、家居、房地产、别墅。他的内容其实并不是"房产导购向"，而是"故事向"。

而另一位 UP 主"五金少女"，定位于出租屋改造，视频最常打的标签是：租房、家居、出租屋改造、爆改出租屋。播放量最高的几支视频，选题都是如何改造面积很小的房间，比如，10 平方米的蜗居也能拥有衣帽间。像这一类内容定位，在未来实际转化或者"带货"上，明显会更垂直。

2020 年 4 月，淘宝直播主播薇娅在直播间"直播带房"，房源是杭州洪墅区的公寓项目，观众在线买的也不是房子，是标价 521 元的看房券，凭券买房可以有 8.3 折的优惠，拍下不看可以随时退款。开播形式也是薇娅与售楼处工作人员一边看房一边对话。这场直播在线近 2 000 万人，最后放出并成交了 800 张看房券。但根据媒体报道，两天后大约 200 人选择了退券。

房地产行业从来都是获客成本比较高的行业，最终的效果考核，除了成交房源外，还有一个很重要的点是到店看房。看房券的本质其实不是售房，而是考核到店效果。

如果新人 UP 主想做房产相关内容，没有看豪宅、频繁看房的条件，也可以考虑从装修、家居切入。

五、美食区：从美食制作到探店测评

美食区的总体策略：美食类内容的核心并不是食物本身，而是食物所带给人们的情绪。

每个人都有自己喜欢吃的东西，也有不喜欢吃的东西，都会有一吃到就唤起一段记忆的食物，可能是小时候姥姥过年才做的"大菜"、是初恋时对方递给自己的西瓜味棒棒糖、是拿到第一笔工资后带父母去的饭店，也可能是第一次独自过年自己给自己做的年夜饭。

美食是可以治愈内心伤痛的，美食背后其实是故事。所以如果创作者的内容只浮在食物表面，是没办法从更深处触动观众的。

2020 年 9 月 3 日，B 站美食区正式转为一级分区，此前美食圈是生活区的下属内容。B 站的这一动作可以理解为，这一天，B 站美食区正式成立。此前带有美食标签的内容，都被挪到了重新规划后的分区中。

这个决定，或者说平台方做出的任何分区、频道规划，都是基于投稿数量（UP 主创作）和稿件播放量（观众喜好）。

目前，美食区划分了五类二级分区：美食制作、美食侦探（探店类）、美食测评、田园美食、美食记录。

根据这五类美食内容，有五位具有代表性、B 站原生的 UP 主。

美食制作：绵羊料理。

美食侦探：盗月社食遇记。

美食测评：记录生活的蛋黄派。

田园美食：华农兄弟。

美食记录：假美食 po 主。

大家看到这几位 UP 主的作品，应该会对这五类美食分区的具体选题有一定的概念。

美食类视频是为数不多的可以跨平台分发的视频类型，无论是在微博、西瓜视频、抖音、快手，甚至是知乎，都不会受限于不同平台的运营要求。

而且美食类的视频受众很广，对粉丝年龄、职业、地区等方面也无限制。

美食类视频限制少，进入赛道的创作者就会很多，竞争压力更大。就目前来说，美食类新人 UP 主想要被看到，需要付出更多的努力。

1. 美食制作类

随着竞争压力的增大，美食制作类视频对 UP 主"制作能力"的要求越来越高。如果视频创作者本身是厨师、甜品师等专业人员，做这类视频会有一定优势。

比如，"美食作家王刚"本身就是擅长川湘粤菜的厨师，目前他在 B 站播放量最高的一支视频，是 2018 年 11 月发布的《厨师长教你："宽油竹鼠"的创新做法》，播放量高达 1 023 万。

但美食作家王刚并不是 B 站原生 UP 主，他在 2017 年 11 月就开始在头条号上发视频了。因为他本身就是厨师，每天都会掌勺，食材、原料、拍摄场地都是现成的，拍摄难度和后期难度也不高，所以基本可以每日更新。

王刚创作的视频不单纯是美食制作教程，"教你炒饭店菜"这也是视频的整体特色。饭店菜不同于家常菜，观众看的时候也有新鲜感。网友们对此类视频印象最深的是饭店菜都要过油，每次两大炒勺宽油，很有意思。

与王刚老师厨艺不相上下的大厨，应该有很多，但王刚之所以能火，很大一部分因素是他做得够早，抢占了这块空白的内容领域。

现在可以看到各种专业厨师、甜点师的视频，中餐、西餐、日餐、韩餐都有，如果单凭专业厨师选题突围，非常困难了，这时候就要附加更多的"人情味"。

同样是美食制作领域的账号——"老饭骨"（视频主要在抖音、西瓜视频发布），发布 5 分钟左右的横版视频，创作主角是几位在老字号饭店掌勺几十年的大厨。

视频取景就在厨房，几位老师傅一边做饭一边聊天。播放量比较高的是三鲜蒸水蛋、西红柿炒鸡蛋、酱牛肉、京酱肉丝、炸油饼，这些都是家常菜。视频最大的亮点不是菜本身，而是几位大爷一边做饭一边聊的家常、过去的故事、一道菜的渊源。

这样的氛围感，如果不是由大厨来聊，只把镜头对准家里同样做了几十年饭、有拿手好菜的长辈，我们设定一个账号，叫"姥姥家的厨房"，镜头里是一个年轻人和一个老人——可以凸显隔代人的碰撞，一边做饭一边聊聊天，聊一些现在年轻人的烦恼、困惑，从老人家的角度来解读，可能会有年轻人想不到的解法。

其实很多网友都是先关注账号，才了解大厨们之前在哪里掌过勺。所以身份对于创作者背书，并没有那么重要，网友们喜欢的就是在镜头前的创作者，不是创作者是谁，而是视频带给了"我"怎样的感受。美食制作视频，内容并不是做饭技巧，而是在做饭过程中融入的烟火气。

我们再来看看 B 站美食区牌面，被粉丝昵称"大姨"的"绵羊料理"。

"绵羊料理"曾经是一名编导，早在 2015 年 12 月就开始在 B 站发视频了，当时大家上传视频还只能通过网页端，而且没有很方便的手机剪辑工具。

"绵羊料理"早期的视频也是温温柔柔、中规中矩地教大家做美食。在 2018 年、2019 年她也尝试过美食探店。一直到 2020 年，她的美食制作才开始更多偏向"美食创作"，比如，"龙吟草莓""从揉面开始制作的竹升面"。她的大部分视频都不是同期录音，而是真人录制 + 后期配音，这样更能方便用不同的语气给视频打节奏。

很多网友喜欢"绵羊料理"，不是因为她的美食制作手艺多好，而是因为她的文案有意思。有一位绵羊料理的铁粉说，"她会把拍摄失败的镜头也录进去，看她失败了很多次，最后终于成功的过程，感觉很励志"。

2. 美食测评类

美食测评类的竞争压力也挺大，能出彩的视频选题，基本都被做得差不多了，因为做测评美食，对于 UP 主的厨艺、身份、拍摄技巧，都没有很高的要求，所以此前美食测评类的视频，一度以测评食材作为竞争维度。比如，在食物视觉效果上力求夸张，比脸盆大的螃蟹、象拔蚌、大龙虾等。再或者是最独特、最诡异的食材，比如，最辣的辣椒、崂山白花蛇草水、鲱鱼罐头、牛瘪火锅等。

当然，发展到 2021 年，美食测评类的竞争已经不在于吃什么、吃多少了。美食测评的热门标签有零食、夜宵、撸串、小龙虾、巧克力、火锅、炸鸡、烧烤、海鲜。比如，一口气买下 7-11 冰柜里的所有雪糕、网购 2 000 元地方特产、微波炉速食打测评、卖空百草味零食等。

各个测评类内容的红利期基本都已经结束，这时候想要做出特色，就需要有与众不同的描述。描述既包括食物本身、试吃口感、引申知识、面部表情，也包括试吃过程中的聊天内容。

美食评测类视频，对于 UP 主本身技能和拍摄制作技巧的要求不高，但对于 UP 主的挖掘和描述能力要求比较高，大家喜欢看的是 UP 主吃东西，而不是喜欢食物本身。

3. 美食侦探类

美食侦探类主要是美食探店。目前，B 站美食侦探类视频标签有按地域划分的，比如，四川美食、广东美食；也有按美食品类标签划分的，比如，街头小吃、日本料理、法餐等。

美食侦探类代表性 UP 主是"盗月社食遇记"，他的视频在制作上其实很接近美食制作。出镜 UP 主是杨树梢和沐上，形象就如邻家男孩、女孩，有亲和力、有意思，看起来就像是身边的朋友。

2017 年年初，盗月社就在 B 站上发视频了，只不过早期发的是搞笑风格的内容，播放量并不理想。2017 年 7 月，盗月社发了一支深夜吃麻辣烫的视频，就在北京双桥地铁站边上的麻辣烫摊儿，两人穿着很随意，树梢也没化妆，吃的是麻辣烫就啤酒，边吃边跟摊主聊天，整支拍摄经费算上摄像吃的签子，一共才 87 元。

在陆续又尝试了几期搞笑类视频、做饭类视频后，盗月社的视频选题稳定在"美食探店"。从小摊儿吃到饭馆儿，从北京吃到全国。在挖掘美食的同时，也会挖掘店主的故事。

比如，2018 年 8 月，盗月社有一支出圈视频，就是跟摊主聊天的意外收获。原本是探店广州 12 元鸭仔饭，摊主聊天的时候说，"卖得这么便宜，是因为我有十栋房可以收租。不是十套房，是十栋房。"

虽然团队越做越好，但杨树梢和沐上一直维持着在镜头前的松弛感，他们对待美食的视角，不是美食家的身份，就是喜欢吃、爱聊天的普通人。

除了"盗月社食遇记"之外，"食贫道""吃货请闭眼"，也是美食探店类的代表 UP 主。

盗月社本身是两个人出镜，会有对话，对话可以塑造氛围。如果只有一个人撑起镜头，需要更好的观众缘，能自己聊起来。让观众觉得 UP 主虽然在镜头里，但他就在跟你聊天。

美食探店类视频，美食是第二位，人情味才是第一位。所以如果创作者想做探店类视频，要先找到最有表达欲或者承载回忆比较多的几家店。

如果第一次面对镜头不知道讲什么，就找一个朋友同框，或者选择与摄像聊天的视角，你可以跟朋友或摄像讲讲这家店有什么来历，你喜欢吃的菜有什么讲究，在这家店有什么回忆。等熟悉镜头后，再从熟悉的店转到陌生的店——松弛感是美食探店类视频的创作要点。

4. 田园美食

田园美食，对 UP 主的身份设定、拍摄环境有一定的要求。这类美食视频，最早在快手上有很多代表性创作者。在平台上，整体而言，此类视频风格出圈最广的是华农兄弟和李子柒。

我们来看一下 B 站田园美食类的细分频道和标签（播放量截至 2021 年 2 月）。

赶海：2.4 万人订阅，3.1 万支视频，8.5 亿次播放量，593 支精选视频。

农村：1.6 万订阅，27.7 万支视频，21 亿次播放量，874 支精选视频。

其他如果农、农家乐、农村美食等标签的订阅人数只有几十到几百。在这个二级分区里，所有视频播放量从高到低排列，20万以上播放量的UP主几乎只有李子柒、华农兄弟、大庆赶海、徐大sao、滇西小哥、山药视频等，总共不超过20个账号。

如果说纯B站原生出圈的"田园美食类"UP主，可能只有徐大sao。B站不一定是最适合"田园美食"的平台，如果做此类内容，还是要在快手、西瓜视频等平台做分发。

5. 美食记录类

美食记录类，这个二级分区的相关标签是美食VLOG、早餐、减肥、下午茶、便当。但这个二级分区其实很难与美食探店、美食测评、美食制作区分开，只能说内容展现更类似VLOG。关于VLOG我们会在下一节中展开讲述。

六、"鬼畜"区、动画区：喜剧的内核是人生

在大部分用户的理解中，"鬼畜"视频是把一些无关的素材进行再创作，最后能够达到一种神奇的、略带嘲讽又很好笑的效果。

在B站内"鬼畜"区有五个二级分区："鬼畜"调教、"鬼畜"剧场、音MAD、人力VOCALOID、教程演示。

1. "鬼畜"调教

"鬼畜"调教视频，基本都会包括节奏（音调）、编词、画面这几个要素，这几个要素中节奏的作用很重要，给本来就有料的画面和词加上节奏打上点儿，会让视频更有"魔性洗脑"的效果。

在制作上，"鬼畜"调教视频可以按素材分为两类，一类是素材量充足的混剪，比如，"家有儿女"素材的鬼畜视频，因为剧集本身素材量非常大，

只要正常按要素走，就能达到应有的效果；还有一类是素材量非常小，比如，"司马懿"，素材只有几句话，工程量会大一些，需要利用音频编辑软件编出想要的效果，主要通过音符和音速进行把控，也会有必要的要素重复。

2. "鬼畜"剧场

"鬼畜"剧场乍一看与"鬼畜"调教有点像，不同之处在于"鬼畜"剧场一般是不带节奏和音调的，主要是把一些完全无关的人对话剪辑到一起，还能奇妙的接上。这类视频的笑点主要来自根本不可能同屏的形象，对话衔接顺畅，又很无厘头。

3. 音 MAD

音 MAD 的主要特点是基本无编词，主要是音频二次创作，即靠音调、节奏，或者是以人声、物品声音为基础进行二次创作。

音 MAD 分为原曲使用和原曲不使用两类，"原曲不使用"是用素材音效演奏原曲，演奏的素材范围很广，甚至可以用冰块敲击、用绳子弹曲、用"钉钉"提示音、用电饭煲开关声音等奏曲或编曲。

4. 人力 VOCALOID

人力 VOCALOID，是通过视频剪辑和调音，让与原曲无关的人物、形象演唱原曲，比如，"派大星"稻香、吕布"星星点灯"，或者用《红楼梦》宝玉、黛玉的对话作词，但配曲是异域风情拉丁味的欢快节奏。

"鬼畜"区视频的相关标签，比较高频的是搞笑、高能，但除了搞笑之外，站内大神还会通过原有的素材，为二创作品赋予灵魂，进而感动观众。

入 B 站必刷的 78 大视频中，@洛温阿特金森的作品《派大星的独白，一个关于正常人的故事》，从 2019 年 7 月至今，播放量超过了 5 800 万。

从弹幕的高频词中，可以看到网友对这支视频的感动爆发点。有两句话非常有代表性，一句是："直到有人发现了我，看见了我，走进了我，拥向了我，从此改变我的全部生活"；另一句是："因为平时就是这样呆头呆脑，才会这样自由自在没有烦恼"。观众在片尾的集中弹幕是：最怕"鬼畜"动了情。

最近两年，还有一种表达形式"动画＋'鬼畜'＋段子"走红。在 B 站官方剪辑工具——必剪中，给手机剪辑的用户提供了鬼畜常用片段和老动画配音素材。

必剪的内置素材，可能没法支持一整支"鬼畜"视频，但可以很方便地添加相应元素。手机剪辑的技术门槛相比于过去更低，大多数创意都可以通过手机实现。

另一种形式是"老动画＋段子翻新"。有一部1981年播出的"老动画"——

必剪内素材

《校园小子》，全片 26 集，动画改编自意大利儿童文学小说《爱的教育》。这部动画片在近两年成了 B 站二创的素材，UP 主会通过再配音，结合当下年轻人关注的情感问题进行创作。

"进击的金厂长"，2020 年才开始入 B 站，半年左右有了百万粉丝。金厂长的动画主角是表情包风格的"熊猫人"，动画制作是用 Flash 或者 Pr（Adobe Premiere Pro，视频剪辑软件）。不包括脚本创作期，金厂长一支视频的动画制作周期需要 3 天。

在金厂长看来，"鬼畜"文化是 B 站最初吸引原始用户的标签化内容，现在相比过去，对于分区的概念没有那么强，也能看到很多 UP 主"跨区营业"，但"鬼畜"文化的分区依然坚挺。

金厂长最开始选择动画形式，是因为 B 站本身带有 ACG 文化属性，非

配音素材

真人的虚拟"人设"，在内容上发挥的空间也更大，给用户想象的余地也比较多，如果内容转型调整，也不会有违和感。另外，根据过往的新媒体经验，动画形象、剧情展现，可以在商业植入上有更多的创意空间。

金厂长最早的视频内容偏向职场，会分享一些职场段子、职场槽点、办公室小故事，用反转等喜剧梗记录职场百态。后期的视频内容经历过几次调整，现在选题主要集中于年轻人比较有共鸣的情绪表达，也会聊现实问题，调性以正向鼓励为主。

作为 2020 年入局 B 站的新人 UP 主，"进击的金厂长"从 0 到 10 万粉丝用了 4 个月，2020 年 6 月 26 日达到 10 万粉丝；从 10 万到 100 万粉丝，用了 3 个月，9 月 23 日就达到了 100 万粉丝。目前，"进击的金厂长"粉丝画像中，从性别占比来说，约 78% 的用户是男性；从地域占比来说，广东用户约占 43% 最高，其次是江苏用户约占 15%。

金厂长的投稿分区主要是动画区，一些固定常用的标签是：动画、搞笑、情感、短片、校园、治愈、正能量等。

在金厂长看来，相比于抖音、快手，B 站的社区氛围更浓厚，不全是碎片化、快速满足的娱乐内容。用户不是随意刷到某些内容，而是主动选择要看哪些内容。

B 站生态最大的特点是平等、尊重和友好利他，UP 主并不是"高高在上"的网红，也没有所谓的"光环"，在这里每一位用户都是独立的个体，他们基于对某一创作者及内容的喜爱聚集在一起。

从弹幕到评论区，都能体现 B 站的强社区互动性，用户会对内容进行深度解说，对金句做提炼，"老粉"会对"新粉"解释 UP 主的相关"梗"，即使 UP 主不在评论区互动，用户之间也会互相给予有价值的建议和观点。

对于入局的新人 UP 主，金厂长给出了一些经验和建议。

（1）在账号定位上要明确，且越细分越好。千万不要什么内容都做，找到自己的标签，否则不仅会打乱数据推荐，同时也会混淆粉丝的辨识。新人 UP 主不要只局限于平台已有的内容分区，而是要在内容分类基础上打上几个固定不会变的标签。比如，动画这个大分类下再设搞笑、情感等固定不轻易变动的关键词，形成专属的有辨识度的风格。除此之外，也可以在画面、背景音乐、人物口头禅等方面给用户留下记忆点，标签越明确，用户的记忆度越高。

（2）坚持优质的原创内容。坚持优质的原创内容或许是每个 UP 主的初心，但实际上真正坚持下来是比较困难的，尤其是在数据低迷期、瓶颈期的时候。如果盲目跟风大幅度跳跃式更改账号调性，会陷入比较尴尬的境地。

（3）谨慎合理地调整选题方向。金厂长前后经历了三次内容转型，每次都是基于爆款涨幅、对用户留言评论的洞察、对应分区及平台本身的一些热点话题等多方面考虑基础上才实施的，谨慎的转型效果都比较可控。

（4）姿态放低。虽然名义上作为创作者的身份进入 B 站是叫"入驻"，但更希望创作者能抱着"融入"的心态跻身 UP 主的行列。B 站的用户大多数都是很讲情怀的，这也是很多人说，"来了'小破站'就不想离开"的原因，他们极其在意是否被用心对待。B 站的社区文化下，内容以类分，用户以群聚，当你给用户一种大家是一起来混圈子交朋友的感觉，他们也会用真心回馈你的内容创作，这是长期互利共赢的事情。

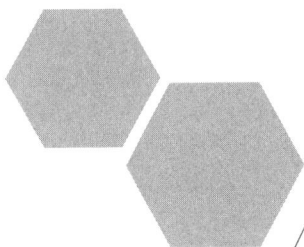

第二章
账号人设与内容规划

很高兴你看到这里，接下来我们要思考的是，作为一个新手 UP 主，你要做的第一件事是什么。

首先，给自己的账号起个名字？不对哦，首先要思考，你的特长是什么。

很多新媒体创作者，都听过一个观点，是"要放下内心的偏见"。这句话的解释——我们的作品是要给观众看的，所以不要只做你自己喜欢的内容，要做用户喜欢看的内容。

但这个逻辑在 B 站上似乎有点行不通，B 站网友对 UP 主的要求其实是很高的。如果单纯为了迎合观众，去做一些简单粗暴的搞笑内容、做一些没有灵魂的内容，用户可能也会点进来看看，却不会关注你。

在 B 站上，想做 UP 主还是要从自己热爱和擅长的领域出发。你可以将自己的经历和特长梳理出来，再拿它们与身边的朋友做初步的交流，看看大家普遍对哪些内容感兴趣。

本章我们将带大家共同分析，如何找到适合自己的内容领域。

第一节　账号人设：如何找到适合你的定位

在运营工作中，账号定位与人设是第一步，也是最重要的一步。首先明确一点，人设并不是"表演"或"虚构"。每个人都有很多维度，我们的经历、性格、看法、口头语、表情等，都是人设的一部分。一个人身上可能有上百个人设点，这些点可以作为账号定位的参考。

确定人设，就是寻找其中几个最贴合创作者本人、最容易被观众认可的人设点，并据此确定账号选题范围和表达形式。

一、0 粉丝账号如何冷启动

B 站与其他平台相比，最不一样的特点是，UP 主并没有很强的分区属性。基于这一点，UP 主 0 粉丝账号冷启动就要做到以下几点。

1. 确定选题方向

因为 B 站视频主流长度 5 ～ 10 分钟，甚至更长，这会给 UP 主更多时间展示"自我属性"。"我"可以是一个爱吃美食的学生，也可以是喜爱旅行的职场丽人。找到"自我属性"确定选题方向。

选题可以是单一方向，也可以是流行的混搭风。比如，美食 UP 主可以走搞笑风，知识 UP 主可以谈情感，时尚 UP 主可以唱歌。甚至美食 +

搞笑、知识＋情感、时尚＋音乐，会成为 UP 主独特的视频风格，也会帮助 UP 主建立更完整、全面的人设，赢得更多观众的喜欢。所以，建立账号的第一步，是找到能源源不断输出话题的方向。

2. 自我表达还是二次创作

确定完选题方向，创作者接下来要思考的是，选题是倾向于做自我表达，还是偏向于二次创作。

如果倾向于自我表达，是真人出镜，还是更偏向于配音＋表情包？如果倾向于二次创作，是倾向于影视混剪解说，还是选择动画配音类内容？这些都要思考清楚。

站在商业化和粉丝转化的角度，真人出镜相对有优势。

从商业化角度来说，真人出镜更利于展示实物产品广告，形式更饱满，比贴片广告的介绍更具象。另外，在同样互动数的前提下，观众更容易对镜头前的真人产生亲切感和认同感。

在 B 站，有很多播放量非常高、投币收藏也很多的视频，点进主页却发现粉丝只有三位数甚至两位数。

B 站粉丝转化与 UP 主的"观众缘"直接相关。在其他平台上，有播放量自然会带来粉丝转化。但在 B 站，观众会因为创作者这期视频不错，产生互动甚至投币，而进一步关注，就会很慎重，他们更重视对 UP 主的认同。

3. 客服镜头恐惧感

很多创作者在出镜面前，都有镜头紧张感，会觉得自己对着镜头说不出话，看镜头中的自己总觉得很别扭。

毫无出镜经验的素人，怎么克服镜头恐惧感？

大部分人的镜头紧张感源自完美主义，会担心自己录制时出现磕绊、忘词，或者担心自己在镜头里不够好看、表情僵硬、声音不够好听。

现在所看到的很多 UP 主，其实他们在最开始录制视频的时候，也会经历适应镜头的这个过程。其实很多人前几次拍摄视频时，面对镜头里的自己、听到镜头里自己的声音，会感觉有些失真，镜头表现不够自然。

我的个人经验是，不要把镜头看成"一录定生死"，可以把视频录制当成一场与朋友的视频聊天。

试想你会因为跟朋友打视频电话而紧张吗？同样都是看自己出现在视频中的样子，视频电话没有美颜，还不如视频录制时形象好。为什么你视频电话时不紧张，自拍录制时却很紧张？

如果创作者决定真人出镜，一开始实在紧张，频繁忘词，有两种方式解决：第一种是使用提词器，第二种是真人画面、后期配音。

大家常见的很多 VLOG 形式的视频，都是后期配音，这样也能解决一部分现场收声嘈杂的问题，也不需要再花钱去买收声设备。

如果二次创作类内容，观众缘主要反映在观众是否能从创作者的视频中，感受到并且认可账号的"人格"。对新账号来说，这一点比较难做到，它要求 UP 主对二次创作内容有非常独特的观点和深刻的理解。

如果是自我表达，配音 + 表情包的形式，对 UP 主声音要求比较高。注意，声音要求比较高并不意味着声音要多好听，而是说声音要能够让人信任，或者是让人听着舒心。

二、如何通过名字、头像、简介体现人设

要想做好 B 站运营，从名字、头像、简介开始便要"俯瞰"整个运营过程，通过名字、头像、简介体现人设，要明确自己的账号想要做成什么样的。

1. 设计一个好名称

一个好名字对新人 UP 主非常重要。对于新人 UP 主来说，尽量不要起带有特殊字符或者生僻字的名字，这样的名字很难被记住。

给自己的 B 站账号起名与给自己起网名有点像。因为很多 UP 主都不是

机构化运营，我们上文中也提到，最早 B 站的创作氛围就是网友与网友的交流，所以起一个"网名感"的账号名称，最容易被记住，也最符合平台的创作环境。

何同学在 B 站上的名字叫"老师好我叫何同学"，注册的时候就是想着"来跟各位'大佬'学习的"。

毕导则沿用了公众号的账号名，毕导原名就姓毕，做过清华大学的带班辅导员，曾被学生亲切地叫"毕导"。

半佛仙人最早一批用户是在知乎上认识他的，他曾经提到自己的网名由来，出自清代李密庵的《半半歌》"心情半佛半神仙"，表达的意境是在繁杂红尘世事中，暂得片刻安宁，内心如佛如仙。转到 B 站之后，账号名是"硬核的半佛仙人"，硬核是作为内容的表述，再加上签名处的"喜欢小仙女"，形成了反差萌。

作为一个新人 UP 主，在起名的时候，可以参考以下维度。

（1）如果创作者之前在其他平台有内容输出，已经有一定的粉丝积累，可以沿用上一个平台的昵称，或者加上后缀、前缀的补充。

（2）如果创作者之前并没有发过任何内容，账号可以用一个大家给起的昵称，或者是自己比较向往、喜欢的"字"、小名等。

一个能被很多人叫顺口的昵称，肯定是在某种程度上让大家觉得跟你有匹配度，用作网名或者账号名称，只是说觉得这个昵称跟你很匹配的人，从身边人变成了网友。

一个你很向往、喜欢的称呼，大概率是反映了你的内心对自己的期待和认知。当然，看待事物的角度、选择的内容，也会受到个人期待和认知的影响。

2. 选择一个有辨识度的头像

在头像选择上，B 站 UP 主的头像，其实也是 UP 主的 LOGO。

如果是真人出镜的 UP 主，建议用本人头像，这是最好的代言。如果非真人出镜，要强化账号的品牌感，可以设计一个账号专属的花字或者标志，让大家一看到这个"LOGO"就能想到你。

头像可以选定几张，然后请身边人和网友投票，因为从审美认知上看，每个人对自己的看法，跟他人眼中的自己是不同的。基于这一点，还是要选择大多数人认为有辨识度的头像。

3. 提供对个人身份做说明的简介

简介处主要是对个人身份做说明，比如，毕业院校、擅长领域、从事职业；如果更新频率有规划，可以留周几更新；若有直播，可以留固定的直播时间；也可以留 QQ 群号、商业合作联系方式、其他平台同名渠道等。

三、新手 UP 主如何从 0 到 1 涨粉

新手 UP 主需要重点关注热门活动，以实现从 0 到 1 的涨粉。比如，参与新星计划。

新星计划是 B 站面向 5 万粉丝以下账号的长期扶持活动，粉丝量超过 5 万后就不能参与了。

报名方式如下：创作中心——创作激励——新星计划。

新星计划大概是一期 45 天，每期会推三个核心品类，如音乐、舞蹈、VLOG 等。报名成功后会锁定当下粉丝数，投稿后 7 天内，稿件播放大于等于 1 万、10 万、100 万，且（点赞＋投币）÷单稿播放大于等于 3%，单稿播放 ÷ 报名时粉丝量大于等于 2，会获得进阶的奖金激励。

除了常规奖励外，每期新星计划会根据内容质量、数据、观众喜爱度，评选出 100 个优秀作品，再给予奖金和流量激励。

在新星计划中的获奖作品，有机会加入 B 站的精选稿件库，也有机会获得更多的流量推荐。

在 B 站发的第一支视频，一定要是创作者认为质量最好的视频。万事开头难，做 UP 主尤其如此，如果连续几支视频都没有人看，很容易打击创作

热情。

其实对于任何平台来说，都是早入局的创作者更能享受红利，因为同类内容竞争性小，或者说当时在平台上没有非常好的视频，所以观众更容易被吸引注意力。

我们先来了解两位 B 站牌面 UP 主的发展经历。

案例：老师好我叫何同学

B 站出圈速度堪比 5G、出圈至今几乎每支视频都会登上话题热度榜的何同学，视频内容其实更倾向数码。数码也是 B 站的一级分区，因为视频也会用浅显易懂的方式进行科普，所以视频内容也会带有知识区属性。

2019 年 6 月 6 日，工信部发放 5G 商用牌照，当天下午，何同学的一条测试 5G 网速的短视频迅速出圈，两天内在 B 站的播放量突破 600 万，在微博的播放量超过 4 000 万。

6 月 8 日，新华社、央视新闻微信公众号转发了这支视频，新华社的标题是《何同学，你火啦！！！》。

当时他还是北京邮电大学通信工程学院的在读学生，1999 年出生。早在这支视频之前，他就在 B 站上发布过 21 支视频，测评数码产品。

看何同学走红前的往期视频，就能发现，他一直以严谨的态度处理细节。在高考结束的暑假，他用 300 张黑色卡纸，把卧室贴成了全黑，每隔一周，就会从学校坐 7 个小时高铁回太原家中拍摄视频。

每一支视频，不管能不能被更多人看到，他都按照自己心中最高的标准来做，耗时最长的一支视频用了半年时间拍摄。

早期他给自己制定的目标是毕业前拥有 20 万播放量，但一年半之后，他就已经拥有了 20 万粉丝，后来更是成为 B 站内最出圈的 UP 主之一。

他曾经说："你在一支视频中，倾注了这么多心血和时间后，很难不在意这些细节。"

案例：硬核的半佛仙人

跟何同学从一开始就选择拍摄视频不同，半佛仙人最早以"半佛"的名字进入大多数网友视线是在知乎。截至 2021 年 2 月，他在知乎上有超过 164 万粉丝，回答了 1 260 个问题，写了 140 篇文章。

同样，他的公众号做的也比 B 站更早一些，早在 2018 年 12 月 22 日，他给 888 个关注他公众号的粉丝，发了 1 288 元共 300 个的支付宝口令红包，就已"出圈"。半佛仙人进入公众号领域时，公众号已经没有红利，都是"红海"了。起初他的公众号选题，也是以关注 TMT（广义可理解为科技互联网）行业为主。

直到 2019 年 12 月 23 日，半佛仙人才入驻 B 站，一个月内在当时科技区的"趣味科普人文"类内容发布了 4 支视频，当时就涨粉 22 万。

相比于公众号，半佛仙人入驻 B 站的时候，正好是 B 站启动知识区的前夕，当时 B 站财经、TMT 领域的精细视频内容，还是空白。

我们上文提到过，如果你在某一领域内容空白时入局，只要视频稍微过关，能够赶上第一波红利。何况半佛仙人的 B 站内容是经过精心雕琢的，是把视频内容当成一个正式的项目来做。从头像介绍，到选题，甚至是脚本文案中的互动语、配乐，都非常精细。

知乎的口语化、故事化文风，公众号的长文逻辑，在 B 站视频脚本中得到了融合。

耐得住新媒体行业的沉浮，等得了最合适的风口降临，把每一步发展都做成规划。这一点是很多个人 UP 主很难做到的，尤其是把它作为经营生计，而不是爱好来做的时候。

很多人可能在第三支视频后就选择放弃了，再或者觉得反正现在也没有人看，也没必要做那么精致。如果创作者自己都觉得不够好的视频，观众们就更不会认同了。

不是所有人都能成为何同学、半佛仙人，能够投入这么多的心血和时间去做视频。对于大部分新人 UP 主来说，从零启动的过程到底是什么样的？我们来看看 UP 主小王的案例。

案例：UP 主小王的养成日记

2019 年 11 月 28 日，1994 年出生的某企业前产品经理小王在 B 站上发了自己被裁的经历，这是他的第一支视频。

在这支视频之前，他其实就想过做 UP 主，"当时还提前买了大疆云台、网红灯"，就是一直没有拍摄的契机。

对于所有新人来说，冷启动都是一件麻烦的事情，你要迈出第一步，主要是不知道自己想拍什么，感觉要弄完一堆事才能正式开拍。

经历裁员这件事，对小王来说，其实是成为 UP 主的一个推动点。在收到裁员消息后，他休息了一周，找到了做剪辑的朋友，跟朋友速成学习了剪辑操作，第二天就发了裁员经历的视频。当时技术不熟练，专业做剪辑的朋友还挑出了视频的几处跳帧。但就这样，一支用时两天的"新手视频"，发布一周后播放量破 30 万，涨粉 1.2 万。

其实视频发布一天后，还只有几百个播放，之后才开始飞速上涨，直到 2021 年 3 月，这支视频的播放量已经将近 90 万。

小王最让人羡慕的一点，是关注转化率非常高。很多新人 UP 主都经历过播放量很高，但转粉率很低的情况。小王第一支视频 30 万播放量就转化了 1.2 万粉丝，这个数据其实算是很不错的。

小王在复盘这支视频时，认为分享型视频本身粉丝转化率就会更高，而且他在视频中提到，只要有一个观众关注，就会继续更新。这一点可能会让观众带有鼓励的善意，期待看到后续。

最初，小王的定位是做成长型视频，给大家分享成长的过程。他曾经立下过一个目标，如果在 2020 年 4 月 1 日之前，粉丝达到 10 万就全职做 UP 主。为了完成这个目标，他的更新频率达到了三四天一更，但他发现大部分播放量和粉丝转化都是来自第一支视频。

又入职新公司后，他把视频定位转移到热点事件上。2020年4月30日，小王又做出了一支爆款视频，是站在前工作人员的视角，分析平台综艺节目，这支视频目前播放量有167万。

这样做了几支视频后，小王发现追热点虽然播放量很高，但粉丝转化率并没有达到预期。

同时，因为本职工作占据了大量时间，导致视频更新频率和质量都没办法保证，他又一次面临了涨粉瓶颈，粉丝量卡在了9万上。

2020年11月，他决定再次全职做短视频创业，做这个决定也并没有想很多，用他的话来说："做决定就像抛硬币，当你把硬币抛出来时，就知道自己期待看到的是哪面了。"

在回归全职后，他把自己的视频选题规划为三个系列：第一是赚钱路子探测器；第二是破产往事，讲个人经历；第三是访谈类节目。"赚钱路子探测器"，更新8期后，一般情况下都能有10万+的播放量。这个系列主要是带观众了解不同的商业项目，给观众讲商业模式，帮观众判断项目有没有前景。这类更垂直的栏目规划，也帮助他突破了涨粉瓶颈，不到三个月就涨粉6万。

目前，他的工作重点还是B站粉丝增长，全职状态下，他也开始多平台分发，在微博、知乎、公众号等渠道同步更新。同时，建立微信群、QQ群等粉丝交流渠道。

小王的案例给我们的启示是：要根据自己的特点摸索定位，要注重完播率、用户互动率，要提高完播率可以把有意思的内容放在最前面，表达形式可以搞笑一些，同时把视频的节奏和时长控制得更紧凑一些。

案例：2020年年中启动UP主创作的西爪

同样在2020年年中启动UP主创作的西爪，本职工作就在新媒体行业。她的选题方向主要是个人经历和情感。

在发第一支视频时，她只涨了50个粉丝，发到第五支视频，才忽然有了播放量，粉丝涨到 500 个，当时她的预期是半年内涨到 2 000 个粉丝，但是在更新两个月后就有 500 个粉丝了，这让她很受鼓舞。截至 2021 年 2 月，她的粉丝数是 2.3 万。

有了启动粉丝量，接下来的问题就是选题枯竭。西爪在发布到第七支视频的时候，感觉不知道拍什么好了。所以她又加入了联合出镜，把话题从情感扩展了到生活。

在发布到第十支视频后，西爪接了第一支广告，只有 15 秒的植入，当时视频播放量达到了 4 万。而紧接着她却迎来了播放量的下滑。在复盘创作经历中，她提到了更新频率的问题，在出现视频"小爆款"后，应该再持续推出同类视频留存用户。

对于新人 UP 主，西爪给的建议是坚持，如果创作者的脑海中有选题，就要第一时间把它做出来，之后就要坚持做。

新人 UP 主如何度过涨粉低谷期，这是每个 UP 主都会面临的问题。在经历过初期的爆款视频后，新人 UP 主都会经历后续视频播放量稳定期、视频播放量低谷期、视频播放量波动期。

这时候 UP 主最应该做的，其实是回顾之前播放量好的视频，做对了什么。回顾观众第一次通过视频认识你时，是因为什么关注了你。

长久耕耘在任何一个平台都很难，但我们以人与人的交往来对比，大家可能就会有更深的理解了。

在最初认识一个人的时候，因为他给你提供了帮助（视频有用性）、言谈举止能吸引你（视频的人格魅力），但你们可能很久没有联系（断更），交往下来，你发现他其实与你本来想的并不一样（视频选题和观众期待不符），这些都会影响到你的态度，是不是还会来主动找他（看视频）。

从这个角度来看，视频低谷期反而是创作者应该与粉丝更密切沟通的时候，通过直播或者粉丝群，跟观众交流一些预计做的选题内容，在观众的建议之上提升优化。

第二节　精准发布：安全和时机都不能少

创作者找到了适合自己的内容定位后，就需要了解一下平台的审核规则，明确一下视频的发布时间、更新频率，做到既有安全意识，又能准确"吸粉"。

一、审核与限流

审核与限流是 UP 主比较关心的两个规则内容。

1. 审核规则

B 站非广告视频审核一般是二审，审核时间最长不超过 24 小时。

UP 主视频的审核时间，一般在 10 分钟到 2 小时。如果是参与热门活动或者视频含有广告，审核期会更长一些。

花火商单审核期也会比较长，因为会涉及视频自身内容和商业植入内容的审核。

在网页版上传视频时，可以看到审核进度提示，一般情况下是畅通的，预计审核时间 20 分钟；繁忙时，审核时间预计 40 分钟；拥挤时，审核时间延长到大约 60 分钟。

2. 限流规则

很多 B 站 UP 主会有困惑：我的视频到底有没有被限流？

B 站平台方倾向把限流称为"不做推荐"。

目前，B 站官方只公开了 5 类不做推荐（限流）的视频类型。

（1）低创，即素材拼凑的粗糙视频。

（2）违规抽奖，UP 主不可以在视频提到转发视频参与抽奖。但电磁力达到一定程度，可以获得每个月一次的官方抽奖机会。

（3）"锤人"稿件（"锤人"针对某个人犯过的某些错，公开锤他）：内容真实性不清，表达夸张，煽动性强；将他人动机目的揣测为恶意；对他人进行严重的道德、法律指控；这些稿件涉及的 UP 主或用户常陷于舆论旋涡，乃至澄清后，声誉仍受到不可挽回的伤害。

（4）AI 换脸。

（5）未报备商单。

其中，创作者最需要注意的是违规抽奖和商单报备。

就违规抽奖来说，因为在其他平台常用"转发推文并获得多少点赞，即可获得福利"这种方式获取传播，所以 UP 主容易在 B 站使用同样的方式。在这里特别强调一下，这种方式在 B 站上是不被允许的。平心而论，禁止违规抽奖，反而能最大化保证平台上的好内容都是因为内容本身而被看到，而不是因为福利等其他因素被看到。对于原创 UP 主、个人 UP 主来说，限制违规抽奖其实是利好的规定。

未报备商单这一点，也需要 UP 主特别注意。因为 UP 主大多运营微信公众号，而微信公众号的商业化要求最宽松，平台基本不限制号主做广告，号主也不需要向平台报备（违规广告除外）。但大部分短视频平台，都对广告商单做了要求。比如，抖音——含商业植入的视频必须走星图下单，违规视频会被下架。B 站也如此。

对于内容创作者来说，最重要的事情就是保护自己的账号不被封掉，不被"降权"。从目前来看，B 站还没有给 UP 主账号"分权重"，B 站流量逻辑在于视频本身，互动高的视频会得到更多的流量。

二、更新频率

B 站在运营初期，因为很多 UP 主都是非全职运营，所以能保持一周一更就算是很高的更新频率了。随着全职 UP 主的增多，不少 UP 主开始保持一周两更的频率。

目前，相比于其他平台，B 站一个很大的特点是粉丝对 UP 主有耐心，UP 主即使半年不更，也不会大批量掉粉。UP 主更新的时候，粉丝就像是见到了久未谋面的老朋友，会在弹幕里调侃说"失踪人口回归"。

UP 主也会发现，即使最近没有更新视频，只要往期视频播放量一直增长，账号还会持续涨粉。

由此我们可以看出，对于 B 站视频来说，质量、定位远比数量重要。比如，知识区一些后起之秀，只有十几支视频，但粉丝量就飞快涨到了几十万。

三、发布时间

之前公众号时代，有很多账号会重点强调发布时间。这是因为公众号的推送受众主要是账号内粉丝。运营者几点推送，就决定了粉丝会在几点看到这条消息，如果错过时机，就会被其他推文盖过去。

在抖音上，发布时间就没办法控制得那么精准了，因为抖音是流量分发机制，运营者没办法精准锁定视频被目标用户看到的时间。

同样，在 B 站上虽然有一些用户会有翻看动态的习惯，这个动态就是指已关注 UP 主发布的视频，但是大部分的 B 站用户看视频还是会优先从首页推荐里看。

虽然目前看，短视频的发布时间不需要像过去那么精准，可以在午休时间发布，可以在上下班路上发布，也可以在睡前发布。但视频发布的时机还是比较重要的。比如，寒暑假期间，因为 B 站站内用户以学生居多，放假打开 B 站的用户也肯定会更多。再比如，期末考试前夕、大考前夕，如果创作者的账号学生受众很多，那这时候发视频就不是最好的选择。

第三节 内容逻辑：深耕定位，展现自我

在 B 站，从内容创作到商业转化一般会经历很长一段路程，创作者能否实现商业转化也存在着较大的变数。视频内容是商业转化的保障，能够创作热门视频的 UP 主，会更容易实现商业转化。从这一方面来说，B 站视频运营的核心是内容。

一、B 站鼓励哪些内容

在我们了解 B 站鼓励哪些内容之前，首先要站在平台的角度，而不是站在创作者的角度去思考，哪些内容是当下平台所需要的。

当然，平台是不会直接告诉创作者它需要什么样的内容，因为这样也会造成创作视频的不平衡。当所有人都知道一段时间内平台在鼓励某一类型内容的时候，就可能出现一窝蜂地全都涌向这类内容，进而其他的内容就会出现失衡。

那什么是平台释放出的内容需求信号呢？

我们可以从近期的 B 站热门活动中挖掘出来，哪些是平台最近在鼓励的内容——它现在需要哪些内容。

1. 从热门活动解析内容的流行趋势

B 站热门活动中比较容易找：手机端点击"我的"—"创作中心"—"有

创作中心

创作首页　稿件管理　创作激励　有奖活动

直播中心

直播间设置　直播数据　春游活动　更多

推荐服务

我的课程　免流量服务　个性装扮　邀好友赚红包

游戏中心　我的钱包　会员购中心　商业服务

首页　频道　动态　会员购　我的

热门活动

奖活动"。

根据热门活动的主办者，我把它分成两类。

第一类，是完全由 B 站官方发起的或者说是由分区运营部门发起的投稿活动。

奖励主要是激励金（以虚拟币"贝壳"的形式转入"贝壳账户"，可直接提现）、流量推荐（首页通知书）、头像挂件等。这类活动的主要目的是丰富 B 站的社区内容。由 B 站官方基于近期站内所需要的一些细分的创作方向，发起投稿活动，UP 主根据此类细分方向进行垂直类创作。

第二类，是 B 站官方联合外部发起的活动。

具体来说，这类活动可能是市场部门与某个客户品牌联合发起的征稿活动。奖品一般是品牌方提供的实物奖品，主要目的是提升品牌在 B 站的影响力。

如果是站在内容运营的角度，我们肯定要重点挖掘第一类运营方向的活动，当然，第一类活动的位置也是最靠前的。

每一位 UP 主应该都有自己比较擅长的几类创作选题，但投稿分区可能比较固定。B 站的热门活动，一般都会轮流考虑各个分区创作者的具体情况。

比如，"知识分享官"，就是专门针对知识区投稿开辟的热门活动；"百万情感故事"，就是专门面向情感类视频创作者的热门活动。这两类征稿比较频繁，几乎每一期热门活动中都会出现这两类的征稿。

日常性的热门活动来源，除了有平台方站在内容运营的角度确定的主题之外，还可能有平台方从近期用户反馈的数据中统计得出来的主题——平台方发现这几类选题最近用户互动数据更高，或者点开率、完播率更高。

2. 从热门视频，解析用户的兴趣点

大部分内容创作者肯定没有办法获取平台的数据，也没办法知道哪些类型的话题最近在平台上更有流量，但创作者可以从平台近期鼓励的热门活动文案中，进一步分析出选题内容。

热门活动可能是 B 站运营者站在宏观战略上考虑，从而确定的需要布局的一些细分内容。

除此之外，平台也必须综合考虑用户的喜好、推荐用户所喜欢的内容。

哪里能够反映用户喜爱的内容呢？可以点开全区排行榜，数据不会说谎，用户喜欢的内容一般是藏在热门里的。

二、选题源泉

做视频与写文章一样，都是要确定一个有价值的选题，然后填充内容。对于现阶段大部分 UP 主创作的视频来说，选题的价值＞内容本身＞制作水平。

比如，创作者要写一篇报道稿件，如果只站在打开率的角度看，四个关注点的逻辑顺序不能错：第一选题是有价值的，选题就等于注意力；第二是标题能引发好奇，让用户有点开的冲动；第三才是这篇文章的内容本身有吸引力；最后才是文章有文采。

选题就是找到创作的垂直领域，很多新人 UP 主最苦恼的是，第一支视频发什么。

在这里呢，我们提供两种解决方案，第一种解决方案是从自身挖掘，第二种解决方案是从近期的热点事件中挖掘。

1. 第一种解决方案：从自身经历中挖掘

每个人都有自己的成长经历，这些经历我们可以再细化为："我"遇见

过一件什么有意义的事情？这件事情是怎么解决的？最后"我"从中获得了哪些感悟？

先是经历，再到经验，最后是感悟。

这时候，肯定又会有读者思考：我现在只有 20 岁，还是一个普普通通的学生，日常生活不是上完学回家，就是上完课回宿舍。我的人生不像大部分视频博主那样精彩，那些博主的人生经历本身就跟别人不一样，他们可以经常去旅行，会遇见很多有意思的人，或者职业就很有意思。而我只是一个普通人，能创作出用户感兴趣的视频吗？

你要相信，每个人的人生都是独一无二的，且可以与观众产生共鸣的。独一无二的部分可能是观众产生好奇的原因，但你与大家产生共鸣的点才是观众能有"获得感"，并且愿意关注你的根本。

我们把选题分为以下几种。

（1）经历线

出生城市——家乡记忆（美食、风景、文化）、童年记忆等。

求学过程——高考、假期生活、大学生活、考研、留学等。

职场经历——面试、求职、实习、正式工作、跳槽、创业等。

人生节点——18 岁、工作、恋爱结婚、有了自己的家等。

（2）情感线

B 站的情感类视频有非常广的包容性，话题领域、选题范围非常广，不只是爱情，更包括亲情、友情、成长、家庭、心理学等多重维度。

亲情：父母在成长中对你的影响、你印象深刻的事、你想对父母说的话；你的爷爷奶奶、姥姥姥爷、兄弟姐妹、子女的生活等。

友情：人生不同阶段的友情、你与朋友之间经历过的事情、你与朋友一起去体验过的事情等。

爱情：暗恋、暧昧、初恋、分手、失恋期、人生伴侣等。

自我成长：人生总会有负面情绪、总会经历一些低谷时期，你是如何面对的，进而有哪些经验愿意分享给大家等。

情感类视频的形式有真人出镜讲述、情侣 VLOG、动画或视频配音等。目前，情感类视频不太受投稿分区限制，知识区、生活区、动画区，甚至时尚区、美食区都可以与情感相结合，即带有情感类标签的投稿视频，分布于生活区、知识区、动画区、影视区等。

比如，在生活区，选题可以是情侣约会、情侣问答、婚礼 VLOG；在知识区，情感类视频可以是情感心理科普、两性关系科普；在动画区，情感类视频可以以动画配音的形式做情感段子；在影视区，情感类视频可以做情感向混剪……

目前，情感类视频在 B 站还没有独立的分区。2020 年 6 月，B 站热门活动第一次上线了"百万情感故事"，鼓励 UP 主投递情感相关视频，情感类视频的投稿才开始丰富起来。

其实在其他新媒体平台，情感都是被看成单独大类，但其他平台的"情感"分区，都更倾向于情感故事、情感分享等非常垂的情感内容。

（3）兴趣线

喜欢买买买，可以聊化妆品、香水、首饰、手表、球鞋、领带、服装搭配等。

学过特长，可以做乐器演奏、唱歌、舞蹈、武术、瑜伽等视频。

喜欢旅游，可以拍旅游、自驾、钓鱼、爬山、野炊等视频。

喜欢美食，可以拍探店、做评测等。

如果更喜欢读书，也可以分享最近读的书和读书心得，垂直读书类的UP 主也有很多。

最开始的视频选题一定是来自你的生活，来自你的经历、观察和体验。在确定选题之前，要首先保证你对这个话题有足够的表达欲。

2. 第二种解决方案：从热点事件中挖掘

热点事件有站内和站外两种来源。每个平台因为用户画像（年龄、城市）等因素，关注事件和舆论动向会有很大区别。比如，微博热搜、知乎热榜、B 站热搜的侧重点都不同。

B 站搜索位置会有 10 个热搜位，热点来自站内热搜、热门活动，与微博热搜、知乎热榜略有不同。微博热搜、知乎热榜都是普遍讨论度比较高的话题，B 站热搜中会有一部分是只在站内有讨论热度的话题，如"×××入驻 B 站""站内 UP 主相关内容""游戏相关内容"等。

Q		取消	

热搜

1 东北发现新人种 热	2 2021中考笑话 热
3 EDG击败JDG 热	4 米津玄师新歌MV 新
5 史上最萌葫芦娃	6 环法严重相撞事故
7 新增37个本科专业	8 手机系统更新的秘密
9 专访那兔之父	10 蜜雪冰城为何赚钱
11 B站热搜	

B 站热搜

此外，热门活动意味站内目前对此类视频是有需求的，每个平台都会在如"双 11""女神节""开学季""新春季"推出与之相关的投稿活动。

情感、职场、汽车、海外、资讯等非常规节日点的投稿活动，需要特别关注。有这类投稿活动，就意味着在一段时期内（活动投稿期一般是 1 个月，足够 UP 主制作 2 ～ 4 支视频），站内对这类"标签"视频有诉求。

比如，2021 年 3 月 31 日，当时热门活动中有"动物圈达人创作营""春日运动季""数码玩家训练营"，这就意味着当下站内对萌宠、运动、数码类视频的稿件有需求，达人要挖掘此类需求。

需要特别注意，热点话题有时效性，而 B 站的视频多数是中视频，相对于短视频来说制作要求更高一些。

B 站没有出圈前，站内关于热点事件的发酵，要相比其他平台滞后 2 ～ 3 天。但自从站内创作竞争加剧后，很多 UP 主也开始加快对热点内容的视频创作，开始"追热点"。比如，某电子产品发布会，UP 主就会连夜看完视频后马上出片。

热点事件提前准备，抢先发布，是微信公众号早期创作者的常态，很多微信公众号创作者都有自己的素材库。热点事件越早发布，读者就会以此为转发链接，能达到更好的扩散效果。同题同深度的文章，晚发布，第一是会降低读者的观看欲，第二是读者已经转发过一篇了，一般不会再转发类似的文章了。微信公众号的主要扩散涨粉渠道，就是转发到朋友圈。失去了先机

就失去了被转发的机会。

我认为，即使 B 站未来有更多创作更快、更勤勉的 UP 主，也不会产生很严重的"创作速度内卷"。因为由站内搜索带来的流量尚未可知，而且快速产出的视频，可能缺乏审读，能让用户点进来观看，但很少会让用户产生关注欲。只有带有深度、有观点、能共鸣的视频，才能让用户看后考虑关注。

三、怎么写脚本

创作者的作品应该是观众需要的，而不能仅是创作者自己觉得好的。一支视频的好坏是由内容决定的。选题和标题只能够吸引用户点开这支视频，内容质量才是用户愿意分享，进而转化为粉丝的前提。要想提高视频的内容质量，脚本对视频拍摄的指导非常重要。很多创作者就是不重视脚本，拍摄的随意性太强，致使视频缺陷明显。

脚本是什么？脚本有什么用？这是视频运营者一定要明白的两个问题。

脚本，表演戏剧、拍摄电影等所依据的底本或书稿的底本。脚本是我们拍摄视频的依据，脚本的创作是为了提前统筹安排好每个人每一步所要做的、该做的、怎么做的事情，它是为效率和效果服务的。简单来说，脚本就是视频画面效果和音频效果应该怎么结合。

按制作视频的过程，脚本可以分为三类：第一类是真人录制同期声，第二类是真人录制后期配音，第三类是素材配音。

像早期的一些二次创作类的视频，画面的搭配和文字其实是相得益彰的，画面的搭配和文字都很重要。

很多早期的 UP 主，有自己的素材库，会把自己认为比较有意思的视频画面保留记录入库。当时的脚本主要是"文稿 + 画面"。

后来，随着越来越多的 UP 主选择真人出镜，拍摄画面成了重点，脚本也从原来的文稿配素材，过渡到了场景、拍摄镜头、同期声、配音、配乐、特效等元素。

1. 观点类 / 经验分享类脚本

观点类 / 经验分享类脚本还是以文稿为主，不管是真人坐在镜头前录制、收声用同期声，还是素材 + 配音，最主要依然是做好文稿。

比如，经验分享类：如何写好一份简历。

提示重点部分：HR 看简历的习惯是什么，主要看哪些内容。

正片写简历四大要点：工作经历、校园经历、教育背景、证书和技能等。

辅助提示：如何挑选简历模板。

观点类 / 经验类视频其实不难拍，难的是创作者本身的逻辑——怎么把这件事情讲清楚，让观众能认可创作者的观点或者能从视频中吸收到有价值的内容。

这里要注意，视频脚本中千万不要用术语，视频讲稿也不要用书面语。在录制之前，一定要把术语和书面语按口语习惯顺下来。

很多观点类脚本，都是会准备逐字逐句稿的，前期脚本越详细，重录的部分就越少，创作者直接录制完成的原始素材稍做加工就可以用。

2. VLOG 类脚本

VLOG 类脚本，或者说外景、场景、镜头变化多的脚本，拍摄前期要记录好素材，拍摄过程中如果有灵感，也要补充在脚本上。

我们先了解一下到底什么是 VLOG。

VLOG，即 Video weblog，也可以称为 Video blog，广义可以理解为视频博客。这种创作形式从 YouTube 上风靡起来的。国内最早的 VLOG 平台其实是微博，此外早期的 VLOG 平台还有一闪、猫饼、VUE 等社区。

很多 VLOG 最早是在微博上被广泛关注的，当时微博虽然关注到了这一视频表达形式，却没有完全把握住这波"中视频"风潮。2018 年 9 月，新浪微博开放了 VLOG 博主召集令，30 天内发布 4 条 VLOG，就可以申请微博 VLOG 博主。当时微博官方对于 VLOG 的期待是帮助微博完善，让微博成为一个全媒体格式的社交平台，VLOG 是辅助大 V 人格化的一种手段。

在 B 站上，VLOG 是一个比较特殊的 PUGV 分区，是用户视角的分区。但要注意，在 UP 主投稿的时候，是没有 VLOG 分区这一选项的。换而言之，VLOG 分区其实是一种表达形式，而不是内容领域。美食、情感、校园生活，都可以通过 VLOG 的形式表现。

在 B 站蓄力破圈的前一年——2019 年，VLOG 成了当时 B 站成长速度最快的一个品类，VLOG 创作者达到了 50 万。点开 VLOG 分区，有美食、校园、旅行、情侣、种草五个细分垂直领域。

很多用户是先看到喜欢的 vlogger 作品，才关注到 VLOG 这一视频创作形式的。

VLOG 这个概念被行业普遍关注，其实是从 2018 年开始，在 2019 年迅速走红，当时越来越多的 vlogger 作品集体出圈。比如 @ 你好_竹子的连续 31 天 VLOG 挑战、@ 大概是井越的《别再问我什么是 2017》、@cbvivi 的《平凡料理》等。

当年提到短视频，行业的第一反应是以抖音、快手为代表的一分钟以内、即拍即发的视频，运营者研究这些短视频平台的流量推荐机制，希望获得平台推荐。

很显然，这几年的短视频创作者越来越多，甚至可以说人人皆可成为 vlogger。

拍短视频似乎不再像过去人们所理解的那样，需要非常专业的设备，需要非常精细的拍摄手法和剪辑手法，很多人只用一部手机，同样也可以进行视频创作，并且在不同的平台上都获得了很多的粉丝关注。

人人皆是 vlogger、人人可做 UP 主，这个趋势跟各类短视频平台的崛起，以及短视频 App 移动端功能的完善也有关。

以 B 站为例，在 2018 年之前，甚至都不能够进行移动端的投稿；2018 年上半年 B 站移动端的投稿陆续完成内测，在 7 月份才逐渐开放。

此前很多创作者其实是受限于拍摄和剪辑技术的，因为过去用电脑剪辑对于素材质量的要求比较高，需要拍出很清晰的素材，而且剪辑技术也有一定的门槛。早年间电脑剪辑也有偏简单的操作工具，比如，爱剪辑等，但是这些工具制作出来的短视频其实是很粗糙的。

随着 VLOG 风潮的兴起，很多用户再去搜 VLOG 相关信息的时候就会发现，很多 VLOG 社区都有视频剪辑软件，比如，一闪这样的 VLOG 社区，它的 App 具备简单的视频剪辑功能。

用手机拍摄素材、剪辑、上传，大大降低了成为 vlogger 的门槛。

而原本以一分钟视频起家的抖音、快手，也开始引入更长的视频形态，因为一分钟大概率只能带来快速的刺激感，如果要承载更丰富、更深入的表达，还是需要更长的视频形态。

关于 VLOG 更深入的解读，很多 vlogger 的看法也各有不同，随着创作素材的多元化，既可以把 VLOG 理解为视频日记，也可以把它看成是迷你纪录片。

如果你把 VLOG 的主角定为自己，把镜头对准自己，记录自己的一天，它就是你的视频日记。你可以带着观众去看以你为主的生活体验，包括美食、情感、旅游、生活等。

如果你调转镜头，把记录对象变为你眼中的世界，带观众去探索更丰富的世界，那你完全可以把 VLOG 视为一部系列作品，它是你创作的迷你纪录片。

需要注意的是，不管是视频日记还是迷你纪录片，创作的难点都是素材多而杂乱，后期处理不好就容易变成流水账，视频中容易缺少有意思的镜头和场景。

案例：我们以"记录在校一天的生活"为选题设置脚本

场景一：宿舍

画面 1：镜头对准自己拍摄起床、化妆。

同期声要点：分享最近新入手的眼线笔、睫毛夹、粉底液，聊聊今天一整天的重点安排。

拍摄特写：手机时间、眼线笔、睫毛夹、粉底液。

预计采用时长：30秒。

花字：介绍眼线笔、睫毛夹、粉底液的价格。

包装／转场特效：黑眼圈特效。

逐字稿举例：

天啊，凌晨一点刷剧，今天七点半就要起床了。到了大四终于学会了画眼线，这是最近打折29块钱买的××家眼线笔，对新手来说，感觉眼线笔比眼线液更友好，我习惯画的时候眼尾翘上来一点。现在睫毛夹都是塑料的了，不像以前用不锈钢的，很容易夹着肉。上粉底液的时候要拍开，轻轻地拍均匀。今天起得还算早，去食堂吃个早饭再上课。

场景二：食堂

画面2：食堂窗口过一遍。

同期声要点：食堂早点价格，日常早点搭配。

拍摄特写：肉饼、包子、豆腐脑、热汤面等窗口，食堂阿姨打菜、食堂人山人海、每样食物咬一口后的特写。

预计采用时长：40秒。

花字：购买食物的花费。

逐字稿举例：

我们学校食堂是六点开门，但一般七点半人是最多的时候，鸡蛋五毛、肉饼八毛、粥五毛，豆腐脑一块二，咸菜两毛，马上毕业了，估计出了校门这个价格哪里都没有了。要老三样，肉饼、白粥、鸡蛋，给大家看看我们学校的肉饼，热乎的，这层脆壳儿，能听到饼皮破碎的声音吗？白粥真实在，一碗米，不是米汤，先吃肉饼，再吃鸡蛋，最后喝一碗暖呼呼的粥，感觉充满了能量。

场景三：教室

画面 3：扫过面前的书本。

拍摄特写：书本页。

预计采用时长：5 秒。

花字："嘘，要上课啦。"

逐字稿举例：这是我最喜欢听的课之一，感兴趣的网友们评论区告诉我，回头给大家讲讲新闻学院都会讲哪些课。

场景四：校外小吃一条街

画面 4：镜头面向自己聊天，河粉摊、吃河粉等。

同期声要点：河粉摊介绍，跟老板对话，河粉口味描述。

拍摄特写：炒河粉过程、配料特写、河粉。

预计采用时长：40 秒。

花字：河粉配料。

逐字稿举例：

午饭出来吃吧，这是我们学校最有名的小吃一条街，这家炒河粉我们宿舍人都爱吃，老板给得多，而且锅气很重。

插入对话"问老板河粉价格、几点出摊收摊、一中午能卖多少份、哪个卖得最好"。

看老板炒河粉总让我想到星爷的《食神》，大铁锅感觉有几十斤，而且炒的时候火会冒出来。看这一勺底油，放上葱花蒜片、牛肉、河粉、油菜胡萝卜丝，翻几下就行了。

坐在摊位边吃，（与河粉同框）一定要趁热吃，冷的话油会糊嘴就腻了。

插入聊天"收尾"。

为了让读者在观看脚本时，有比较完整的理解体验，这个脚本我们没有拆得更细。实际上如果创作者只有一部手机，每次镜头要调转的时候都是一个画面，这块儿创作者要记录一下。

我们上一个脚本中带上特写，至少会有 15 个左右的片段。

最后再为大家总结一下，一个最完整的脚本需要包含的要素。

（1）场景：拍摄背景、取景、空镜（此处需要有场景预计时长）。

（2）画面：视频画面、特写镜头。

（3）配音文案：同期声要点或者逐字稿，同期声尽量同步收录，如果录制后发现收声效果不好，可以补配音。

（4）后期包装要点：花字、配乐、转场、特效。

（5）最重要的点（亮点）：人情味。

四、如何起标题

尽管内容是视频的核心，但是在新媒体时代，注意力依然是第一位的。当下的重点已经变成了先有流量，再谈转化。UP 主先要让用户看得到视频，看完视频，再说下一步关注，所以说标题也很重要。

按理说，标题和封面图其实应该与脚本同时构思。

B 站的标题最多可以起到 80 个字，这应该是各平台里标题上限最高的了。如果要出现在首页推荐，建议创作者把标题控制在 25 个字以内，或者说可以先把标题的要点放在前 25 个字符里。

标题与封面的信息要搭配，封面是对标题信息的补充，封面上也可以放十几个字。

在首页推荐中可以看到，陌生用户看到创作者这支视频的时候，封面和文字的面积比例是 2:1。也就是说，有时候封面比标题更重要，封面要更吸睛。

我们先来看几个标题，以 2020 年新上榜的几位百大 UP 主、播放量较高的视频标题为例。

硬核的半佛仙人：【半佛】买不起奢侈品的就是"穷人"吗？

不，是"聪明人"

2020 年 1 月～2021 年 3 月，播放量 786 万。

文不叮：零成本！表情管理技巧　悄悄变美　get 女团同款上镜笑容

2019 年 12 月～2021 年 2 月，播放量 271 万。

食贫道：冬天吃日式烤和牛，我的心是暖暖的，你呢？（封面是创作者与王冰冰的合照）

2020 年 12 月～2021 年 2 月，播放量 730 万。

卡 2020 年 12 月到 2021 年 3 月的时间线，是因为在 B 站，不同的时间，用户对于内容的偏好也是不同的，而且早期的 UP 主也会有更多的粉丝积淀。

从视频选题本身来看，知识区的半佛仙人、时尚区的文不叮、美食区的食贫道，都选择了一个自带流量的选题。流量点分别是反消费主义、表情管理、与王冰冰同框。

我们可以看看同样出彩的选题之下，标题的点睛之处在哪里。

这其中最明显的是半佛仙人的标题，原本的选题下，标题也可以叫《为什么我不鼓励你买奢侈品》，但加上"穷人""聪明人"这两个词，就拥有了一个更具传播力的完整观点，而且会产生一种对立性。这个标题不只在 B 站上有很高的点开率，即使放在微信公众号时代，这个标题也很能激发读者的转发欲。

我们再看看文不叮的标题，先强调了"零成本"，意味着不用花钱、不用买什么器材，日常就可以操作。变美技巧这样的内容，其实就对标了早年间的时尚杂志，虽然现在时尚杂志已经没有过去那么风行了，但大家对时尚内容依然是有需求的。我在读书的时候，很多女同学会购买当季的时尚杂志，学习上面的穿搭、妆容技巧，而当年与时尚杂志互相成就的，就是时尚杂志模特。

时间一晃到现在，相比时尚杂志，很多年轻女性会直接看时尚类视频，关注时尚博主。但很多时尚博主，本身是以"素人"身份一点点做起来的，以亲和力和亲切感获得了粉丝的认同，并不像当年的时尚模特，只要出镜永远是完美的仪态。这种"模特"感，其实与当下的女团给人的感觉有点像。所以在"零成本学会表情管理技巧"后，再加上"get 女团同款上镜笑容"，就会让人的脑海中浮现出一个表情甜美得体的具体人物形象。

我们刚刚也提到，一个视频推荐位中，封面占据的位置是 2/3，如果创作者的视频中有非常醒目的图片，那标题这个时候是在配合封面的。创作者可以用这 2/3 的封面，吸引到观众全部的注意力。

一般情况下，封面都是配合标题的，比如，食贫道的这期标题——《冬天吃日式烤和牛，我的心是暖暖的，你呢？》，标题中其实没有王冰冰的内容，但封面非常醒目，是食贫道与王冰冰一起烤肉的合照。其实这个标题也有点含梗，用了一个问号作为结尾，很多网友都在视频开头打"我的心是冰冰的"，这是一个双关语，一方面是冰冷的冰，一方面是表达了对王冰冰的喜爱。

五、互动视频在 B 站内容生态下的未来

在 B 站内容生态下，互动视频占很大比例。互动视频，简单来说，就是用户在观看视频的时候，可以根据自己的选择，跳转到不同的剧情走向。

1. 互动视频的拆解

三类常见的互动视频选题如下：

第一类是心理测试类视频，如"友情指数""恋爱情商""心理年龄"测试题；

第二类是剧情推断类视频，通常是悬疑类视频走向；

第二类是游戏通关类视频，这类视频相对小众，制作难度和逻辑构思要求也更高。

其实在"互动视频"之前，有人就做出过"互动文字"，并让"微信之父"张小龙"欣喜莫名"。

在 2016 年的微信生态中，有一个公众号叫"斑狸"，创作者利用自动

回复功能，完成了"互动效果"，做了个文字版，小而美的"互动文字"游戏。

"请回复以下内容之一，选择您的职业：魔法师、骑士、剑士。"

"请回复查询属性，查看你的属性值。"

粉丝在公众号后台，回复不同的关键词，会触发不同的自动回复，从而达到了"对话式互动"。

提到互动视频这一概念，行业总会联系到 Netflix（网飞公司）上线的《黑镜：潘达斯奈基》，这是一部应用了互动视频元素的剧情片，于 2018 年 12 月 28 日上线。观众可以替主角做出各种选择，包括早餐吃什么；去游戏公司应聘时，是接受工作邀约还是拒绝；在看心理医生的时候，要不要告诉对方童年的阴影。

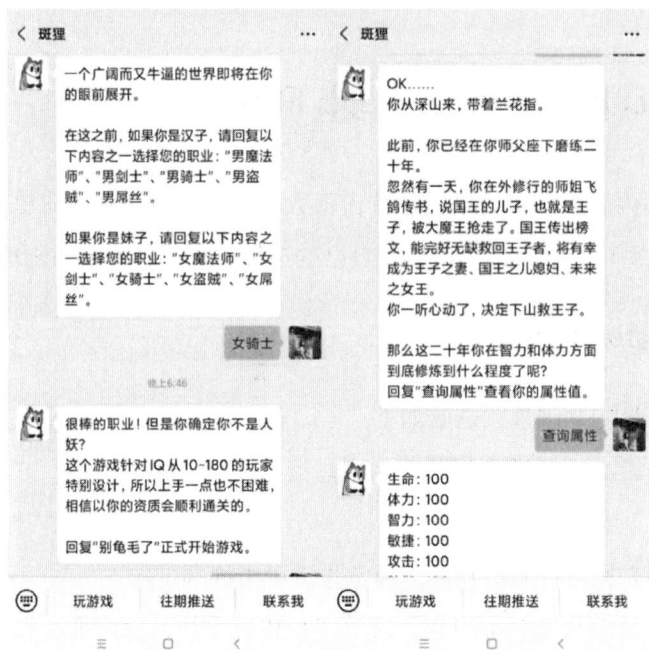

互动文字游戏

这部剧一共有八个结局，不同的选择会导致不同的结局，这也让一部原本 90 分钟的剧，解锁全部剧情后长达 300 分钟。

2019 年 7 月 22 日，B 站正式上线互动视频；而在此之前，5 月 8 日爱奇艺公布了"互动视频标准"，表示未来会打造互动视频平台；腾讯视频也在同一年，开放了互动创作平台。

各个平台虽然在互动视频领域都有了行动，但直到现在，站在观众的视角，尤其是圈外观众的视角，对于互动视频依然没有认知。说互动视频是一种视频创作趋势，为时过早，在我认为，互动视频确实可以成为一种视频形式的补充。

互动视频这种创作形式要想被普遍应用，还是需要一批质量、口碑都不错的作品出圈，再加上视频技术和终端体验的演进，才能真正带动创作趋势。

在 PUGV 内容创作中，B 站 UP 主在平台互动视频功能上线后，确实创作了一批播放量很高的视频，也有 UP 主因为做互动视频，涨了百万粉丝。

自 2019 年开放以来，至 2021 年 2 月份，"互动视频"作为一个单独频道，在 B 站上的订阅超过了 30 万人，共有 7 万支视频，其中有 1 325 支精选视频，总播放量超过了 20 亿。

在精选视频中，播放量最高的 3 支超过千万的视频选题分别是：性格测试、悬疑向微剧、罗翔老师讲课内容的二次创作。

对于个人创作者来说，微剧的难度较大，我们在此就不详说了，这里我们主要拆解测试类、二次创作类互动视频的脚本和分 P（把一个视频切成几部分，视频片段）。

（1）心理测试互动视频

目前，在 B 站上，大部分的互动视频都是测试类视频，因为"测试类"视频最容易制作，也最容易引发分享和传播。

测试类互动视频中，又有两种热门选题：一种是自我认知类测试，一种是情感互动类测试。

在前些年，大家都没有手机的时候，当时流行过一阵子心理测试书，就是拿着笔和纸计算着分值。根据每一题的得分加到一起，再翻到书的最后一页，查看自己的测试结果。

作为"90 后"，在我的成长过程中，还有一阵子非常流行手机心理测试短信。比如，回复郭靖和黄蓉的名字，查看你俩的缘分指数（笑）。当时的杂志上也很流行这种情感测试类的小问题，时尚杂志上总有一页会测试"他是否对你有好感""星座运势"等。

不管是文字测试、H5 测试，还是现在的互动视频测试，本质都是对人性的理解。

主流的心理测试一般设置主题、问题、结果三个核心内容。测试者希望了解自己是一个什么样的人，这个是测试的动机；分享的动机是测试者希望让大家（或者特定的人）看到自己是一个什么样的人。

比如，自我认知类的问题，首先这个测试名称非常重要，"测试你的恋爱情商有多高""测试你的焦虑指数"。

这个主题才是用户点进来并完成测试的动机——每个人都希望了解或者验证自己是一个什么样的人。

让测试者做完测试只是第一步，接下来也是最重要的一步，是转发，是分享给更多人，让更多人来参与测试。

作为种子用户的测试者，为什么要把这张有关测试的海报分享到朋友圈？这就涉及呈现结果页面的设置。做完测试后，这张结果页需要引发测试者的分享欲。

每个人都希望自己是一个与众不同的人，不见得希望自己是一个事事都好的人，但希望自己是一个独特的人。这也就是一些心理测试，测出结果是"不靠谱指数 99%""焦虑指数 99%"，反而会更容易被转发的原因。

转发动机，要最大限度激发每个人心中渴望被了解、被呈现、被关注的一面。

那为什么问题设置很重要呢？

测试者分享测试结果后，分享页面通常会再有一个二维码——测试入口，让看到这个结果的人也能自己测试。

在这个过程里，看到测试结果的其他用户，会部分了解最初种子用户的想法，看到前一个测试者回答过的问题，也可能由此推断出这个测试者做这些问题的时候，选择了哪些选项。而通过这些问题，也会侧面反映出这个测试者是一个怎样的人，或者有哪些想法。

（2）答题互动、答题闯关类

答题类互动视频，可以从原创和二次创作的角度来做。

先举个例子。

在 B 站"互动视频"频道的精选榜和综合榜中，用户可以看到很多封面是罗翔老师的互动视频。这是典型的"二创"类视频，以罗翔老师讲课的内容为素材，进行知识点问答互动。

如果要做这类视频，首先创作者要给自己的视频锁定一个选题／闯关问题，比如，"张三偷我家东西，吃进医院，我构成犯罪吗？"

在此类视频的进程中，很多 UP 主的第一个设问（第一个互动问题）是关于点赞投币的，比如，A. 投币直接看全片；B. 点赞开始白看。

其实这不是设问，是一种玩"梗"，是创作者与粉丝之间的"游戏"。

不管粉丝是否点赞投币，都会继续点击选项。如果粉丝不进行点赞投币，还会在弹幕上玩"梗"——"就白看，我不亏"，进一步增加互动率，提高视频的推荐指数。

进入正式答题后，创作者就会根据课程原素材，进行再次编辑，寻找一个话口作为问题。比如，罗翔老师原素材讲课中会问：张三这种行为是否属于诈骗？

观众在：A. 属于诈骗；B. 不属于诈骗，这两个选项（最多可以设置四个选项）中点击，跳转到不同的页面。

如果是制作"二创"类视频，第一重要的是选题设置，标题要起什么？视频的核心话题是什么？这是观众能点进来最重要的原因。第二重要的是素材选择、问题设置，这直接关系到观众是否愿意留下来做完互动问题，是否愿意进行弹幕、评论、点赞投币等互动行为。

如果是制作原创类视频，或者 UP 主本人出镜，担任出题人、闯关主持，虽然相比二次创作少了一些话题热度，但如果制作得当，UP 主本人的转粉概率会比二次创作更高。

2. 如何上传互动视频

制作完互动视频后要进行上传。互动视频的投稿在 B 站网页版上传更方便一些，点击网页版"创作中心"—"投稿"—"互动视频投稿"。

简单来说，互动视频上传是把所有剧情碎片都上传到编辑后台，然后在编辑后台画一个剧情图（导图），再把碎片往剧情线里填充。

（1）上传剧情碎片

发互动视频需要先把所有的内容分 P，就是上传所有的视频片段，上传之后点击"确认投稿"。

需要录制视频的开头、录制不同选择下的剧情片段、录制不同选择后的结尾的，建议先画剧情线路图再拍摄，不然很容易乱。

注意，上传的时候要看一下，一定要选择"互动视频投稿"，选错了视频就直接发出去了。要确认选择的是"互动视频投稿"，点击"确认投稿"之后，只是对现有的所有视频素材进行审核，不会直接发布，粉丝在 UP 主的账号上也看不到这些视频。

（2）进入剧情编辑页面

等所有视频片段都过审后，就可以进入剧情编辑页面了。

B 站把剧情线路图称为"剧情树"，在所有剧情碎片都过审后，点击"创作中心"—"内容管理"—"稿件管理"—"互动视频管理"，可以看到提示：通过审核，等待剧情树发布。

这时候创作者可以点击单支视频"编辑"按钮右边的三个点，展开后，再点击"剧情树管理"。

前面提过，这些剧情碎片，在 B 站中称为视频分 P。在视频分 P 的搜索栏里，创作者也可以根据关键词，来搜索要拖入"剧情树"的视频片段。所以，在此建议创作者把所有视频素材上传到后台之前，就先按照好统计的名称来命名，比如，用 1234567+ 关键词命名，然后对着之前画在纸上的剧情线路图往里填充。

当创作者点开剧情树之后，会发现这个画布上只有一个模块，这个模块就是初始模块，也是剧情的起点。创作者把创作的剧情开头拖拽到初始模块上，接下来就可以继续选择剧情了。

点击初始模块上的加号，会看到两个选项，一是创建剧情模块，二是创建跳转模块。剧情模块就是可以设置双选或者多选了（目前最多四个选项）的内容。跳转模块就是直接进入下一个视频碎片，没有其他选择。

所有视频片段都按剧情树填好后，可点击视频上方的播放器图标预览，没有问题就可以直接发布了。

目前，一支互动视频最多可以上传 200 个分 P。

六、内容发布：联合投稿

联合投稿的意思就是，一支视频可以同时体现多个 UP 主的创作身份。

使用联合投稿的视频，下方会出现多个 UP 主头像，点击每个 UP 主的主页，就会发现他们的主页出现了这支视频。

这支视频会出现在所有参与的联合投稿的 UP 主动态里，被所有参与投稿 UP 主的粉丝们看到，不管在哪一个 UP 主的账号上看，这个视频的数据都是一样的。

在 B 站中发起投稿的就是 UP 主，受邀参与联合投稿的其他 UP 主就是"STAFF"，规则最多支持 10 个账号联合投稿。稿件产生的创作激励等收益，归属于发起投稿的 UP 主。

上传视频的账号可以删除其他参与方，其他参与方也可以退出联合投稿（需要得到上传方同意）。

UP 主需要在网页版进行联合发布投稿。

点击"创作中心"—"投稿"，往下拉到多人合作；然后选择参与者类型，比如，导演、编剧、参演、后期、摄影、配音、文案、剪辑，或者选视频制作，输入联合投稿账号的昵称就可以了。

投稿人可以调整其他参与方的头像显示顺序，投稿人排在第一位。

在稿件过审后，会向其他参与方发起邀请，其他参与方同意后，在参与方的视频播放页也会显示当前视频。

联合投稿的注意事项如下。

（1）联合投稿对于发起方有一定的要求，个人UP主的创作力或者影响力需要达到70分，而且信用分不能低于90分。联合投稿对于受邀方没有电磁力要求。

（2）注意，联合投稿每个月最多使用6次。投稿的时候带有"多人合作信息"，就算一次使用。

（3）联合投稿只能发布定时稿件，目前B站上发定时稿件，要超过当前时间4个小时。

（4）商业声明——含商业推广信息的稿件，不能发起联合投稿。

（5）联合投稿只支持原创视频，不支持转载。

（6）如果创作者的稿件符合原创、不含商业推广，依然不能选中"多人合作"，可能是分区问题，可以调整分区后再尝试发布。

（7）此前已发布的视频，如果满足联合投稿条件，还可以补充联合投稿人。

（8）如果是企业号，希望与UP主合作联合投稿，可以通过花火后台（B站官方广告后台）执行，或者找B站代理商执行。

第四节　UP 主的升级之路：获得自生长的内容生产力

很多个人 UP 主在创作一定时间或者创作达到一定阶段后，都会面临一个同样的问题，就是选题枯竭、流量下滑。

UP 主基本是从两个方面去思考解决的办法：第一，内容转型，在现有内容的基础上，拓展其他类型的内容，以丰富自己的选题；第二，创作升级，这个创作包括拍摄设备、团队扩充、后期技法等。

本节我们来讲一讲，在出现创作瓶颈后，从哪些角度思考解决办法，以及如何打通 UP 主的闯关之路。

一、从记录自己到记录世界

从图文时代到视频时代，几乎所有的内容创作者都会面临同一个问题，就是选题枯竭、转型之困。

对于大部分非团队化运作的 UP 主来说，可能一开始制作视频的契机就是自己遇到了一件非常希望跟网友们分享的事情。在前几支视频获得了不错的反馈之后，尽管没有商业收入，也能够给 UP 主一个正向的激励作用。

对于很多非全职 UP 主来说，一个月更新四期，就算是很勤快的更新频率了。

在更新到一定期数之后，很多 UP 主就会面临两个苦恼，第一个苦恼是选题，自己所擅长的选题基本上讲完了；第二个苦恼就是，一直做同一类型的视频，感觉自己的内容很难寻找到新的增长点，没有新的增长点，就意味着没有新的流量机会，也没有新的商业转化机会。

这时候，需要 UP 主对自己的往期内容做一个系统的梳理。

先看看自己往期视频中哪几期互动率最高，再看看往期视频的播放量。互动率和播放量是要结合起来看的，因为播放量很可能是有契机或者偶然性，互动率意味着看到视频的人对视频的反馈，视频是否能够激发观看者的讨论欲望——讨论欲望越高，说明观看者对这类选题越感兴趣。

UP 主要与自己的粉丝进行深度的沟通，通过动态互动、直播互动、粉丝群互动这些方式去收集粉丝们的建议。粉丝为什么会关注你，是因为你制作的某期内容某期话题让他心生感动，还是因为你的视频带给了他不一样的感受？

通过数据最直接的表现，通过已经关注的粉丝给的最直接的建议，创作者可以再细化自己视频内容的栏目。比如，确定比较擅长发某三类选题，那以后内容就往这三类选题上靠，尽量不要再发其他的粉丝不感兴趣、数据也不好的选题类型。

除了升级栏目、优化选题之外，UP 主还需要对自己的视频呈现再做进一步的升级，比如，提高视频的清晰度、优化视频的拍摄背景、完善视频收声后期等。

我们之前说，B 站的网友对于视频的制作精细度其实没有很高的要求，他们更在乎的是 UP 主讲述的事情和 UP 主本人的魅力。但 B 站内容各个分区的 UP 主都在努力升级自己的视频制作精细度，及时调整升级自己的视频制作，也可以成为提升 UP 主声誉的一个辅助条件。

很多 UP 主一开始发视频的时候，都是在讲述自己的故事、自己的经历和经验，凭借真诚的分享和真实的感受，打动了第一批关注者。到了第二阶段，UP 主就要及时回收粉丝们的反馈，或者是根据当下所发生的事情去拍摄一些粉丝更感兴趣的内容。

从记录自己，到记录世界；从讲自己感兴趣的内容，到讲粉丝感兴趣的内容。

二、从 1 万，到 10 万，再到 100 万

很多 UP 主经常会提到"小牌牌"，"小牌牌"指的其实是哔哩哔哩 UP 主粉丝成就奖。

哔哩哔哩 UP 主粉丝成就奖分为三个级别：1 万粉丝达成纪念奖，可获得电子纪念牌，10 万粉丝可以获得一枚银色纪念牌，100 万粉丝可以获得一枚金色纪念牌。10 万和 100 万粉丝的 UP 主可以申请实物纪念牌，只要填写邮寄地址就可以免费寄到家里，不需要收取任何费用。

在其他平台，10 万粉丝可能并不算什么，但在 B 站上，10 万粉丝对 UP 主来说是一个非常有纪念意义的里程碑。要知道，在 B 站 2020 年出圈之前，很多后来涨粉过百万的 UP 主，在 2019 年也只有十几万的粉丝。

对于很多 UP 主来说，2020 年都是积攒终于得到爆发的一年，这一年 B 站出现了不少粉丝量百万的 UP 主。老番茄也在这一年的 4 月 3 日成了 B 站第一位粉丝破千万的 UP 主；同年 10 月，知识区的罗翔老师成为第二位粉丝破千万的 UP 主。

随着 B 站的出圈，整个平台的用户量有了一个总体的提升。

好的内容能够被更多人看到，选题也从 ACG 到更广泛的生活类领域，如果你找准方向，从 1 万粉丝再到 10 万粉丝，没有过去那么难了。

想要获得 10 万粉丝的成就，创作者至少需要在自己的选题方向做出了几支非常具有代表性的视频，视频的播放量要达到几十万甚至上百万；或者创作者坚持不断地更新，通过数量让更多用户看到相关的视频。

所有的内容，都会有所谓的账号瓶颈期。这个瓶颈可能是，同样的选题和类似的内容之前发会有几十万的播放量，现在发，只有几万的播放量了；

或者是之前发一支视频能涨几千个粉丝，现在发一支视频只能涨几百个粉丝。

数据是最直接的表现，通过已经关注的粉丝给出的最直接的建议，创作者可以再细化自己视频内容的栏目。就如前面所说的，确定比较擅长的几类选题，以后的内容就尽量往这几类选题上靠，而不要再去发其他的观众不感兴趣、数据也不好的选题类型。

对于大多数UP主来说，肯定是期望自己能够获得百万粉丝的成就。当然，百万粉丝的成就不是那么容易获得的，希望创作者有心理准备。目前，粉丝量超过百万的UP主，要不就是深耕B站多年，厚积薄发；要不就是率先开创了站内某一品类、类型、选题的内容；要不就是在其他平台早有成就。

如果你从现在开始做，十万粉丝并不难，但百万粉丝确实会成为一个挑战。

三、从现在开始，做好升级准备

想要做一个百万粉丝的UP主，一些准备必不可少。

1. 申请B站身份认证

创作者会问：如何申请B站身份认证？申请认证有什么好处？

你可能会发现你喜欢的UP主个人主页介绍上，有一个小闪电标志，这就是B站的官方认证标志。在B站网页版的最下方，有一个bilibili认证，点击即可进入申请认证的页面。或手机版，"创作中心"—"创作首页"—"更多功能"—"通用能力"—"账号认证"。

获得官方认证，主要有三个好处：第一是在搜索账号的时候会优先展示；第二是有认证会增强粉丝对UP主的信任度，有利于转化；第三是接到商单时，有利于提高客户对UP主专业性的认知。

目前，B站的认证分为个人认证和机构认证两种：黄色小闪电是个人认证，分为站内认证和站外认证，申请进个人认证前都需要先进行实名认证；

蓝色小闪电是机构认证，包括企业、媒体、政府、组织（校园账号认证算组织类）四类。有一点比较特别的是，新媒体和传统媒体一样，都可以申请媒体认证类型。

对于个人认证来说，最让人羡慕的当然是百大认证，当然，获得百大认证不太容易，不过创作者在经过一段时间的创作之后，也有机会认证为知名UP主或者垂直领域优质UP主。

站内认证主要是在B站的创作成就，如知名UP主（粉丝数达到10万，需要年审）；或垂直领域，如知识、音乐、VLOG、新星UP主、专栏认证等（如果认证后一年，不能升级成知名UP主，则认证取消）。

对于站外认证，如果是站外创作者，需要任意一个站外平台粉丝数达到50万；如果是认证社会身份或职业，如医生、律师、演员等，需要提供身份证明。

2. 积累电磁力

电磁力是B站对UP主创作表现的评分，参考UP主近半年粉丝活跃情况及最近一个月的播放互动，从LV1到LV8，8个等级。

"创作中心"—"创作实验室"—"电磁力"。

电磁力能升也能降。目前，B站电磁力每周更新一次。电磁力很重要，比如，加入激励计划需要开通电磁力。

提升电磁力的途径是：投稿视频，增加互动来提升创作力；增加粉丝数量和粉丝活跃度来提升影响力；遵守投稿规则来提升信用分。

创作力和影响力的考核维度并没有量

UP主电磁力

化，创作力受投稿数量、稿件数据影响，影响力受粉丝活跃度影响；信用分的考核维度相对清晰一些，违规稿件一条扣 5 分，一周后无违规记录，可以恢复 1 分，无违规记录并且有新投递正常发布的稿件，可以恢复 3 分。

电磁力提高到一定阶段，可以逐渐解锁超大文件、创作激励、版权保护、互动抽奖、联合投稿等权限。

关于电磁力的相关内容后文会有详细介绍，在此就不再赘述了。

第五节　内容修炼：人人都能学会的拍摄技巧

很多新人 UP 主一开始都会受限于一个问题，就是没有很好的拍摄剪辑技术，买不起很好的设备，觉得自己的作品拍出来就输在"起跑线上"了。

其实不然，用户看个人 UP 主，就是想看不同人眼中的世界，以及不同人对于生活的不同感受，拍摄、剪辑不够专业的视频也能引起用户的关注和共鸣。

在后期，如果我们有了更多的资金和精力，确实是需要考虑进一步升级，但是前期拍摄和后期技术不应该成为创作者分享眼中世界、表达自己观点的障碍。

在照相机普及的时候，有一种现在看来非常有意思的观点，叫"绘画会不会被照相机所取代"。

其实这个观点很好反驳。因为照相机只能拍出已经存在的东西，没办法拍出尚未出现，或只存在于想象中的东西；而且同一件物品，不同的人画出来，所体现出来的意境截然不同，用不同的绘画工具所表达出来的观感也完全不同。

我始终相信，随着技术的进步，一切在拍摄后期上的制作难点都会越来越简单，但是唯一不可能被机器和技术所取代的，就是人的想法。

本节我们将分享在毫无拍摄剪辑基础、毫无影视制作背景的情况下，如何只用一部手机快速掌握短视频拍摄与制作。

一、拍摄技巧：如何用一个手机完成拍摄

很多人会问：你用什么器材拍的视频？用什么工具剪辑的？用什么设备录音的？"我"没太多预算买设备，"我"不会用单反相机，不会用电脑剪辑，"我"也能做 UP 主吗？

写这方面的内容，是希望普通大众看完之后，就能马上制作出自己的视频，所以不会让大家在入门阶段就去花钱买设备，也不会让大家花更多精力去学拍摄和剪辑技能。

1. 器材准备

先学剪辑、先买器材，之后才开始做视频，其实是有点本末倒置。

随着手机性能的强化，一部 3 000 ～ 5 000 元的手机，就能覆盖短视频清晰度要求、室内收声效果。

至于剪辑，初期用手机剪辑工具就能解决视频剪辑的大部分需求，而且是免费导出，也无水印。

各短视频平台都有自己的剪辑 App，如抖音的"剪映"、B 站的"必剪"，这些剪辑 App 都支持自动生成字幕、后期配音、剪辑调色等需求。

相信你也能看到，很多 B 站上播放量很高的视频，在拍摄制作上并没有那么精致。事实上，观众来 B 站看的是 UP 主，不是摄制组。UP 主拍的是个人短视频，不是短片。如果用户想看拍摄制作精良的视频，完全可以打开腾讯视频、优酷、爱奇艺，为什么要看 B 站？

大部分 UP 主初期只有三个一：一个人、一部手机、一个手机支架。

在手机选择上，建议创作者单独准备一部手机，不要跟日常通话手机混用。手机性能要具备两点：第一，像素够清晰；第二，内存够大。

我最早拍视频是用华为 P30，后来买了一台荣耀笔记本电脑，华为手机能直接拖拽视频到电脑上，这省了不少传视频的时间。手机是 128 GB 的，但我很快就发现，128 GB 根本不够用，很多手机存储素材只能忍痛清理。

在拍摄上，B 站上大部分超过一分钟的视频都是以横屏为主，点开手机相机里的设置功能，把视频分辨率调整到（16∶9）1 080 P（相当于 2 K）。现在基本大部分手机都能支持 1 080 P 的分辨率了，还有不少手机能支持 4 K 分辨率拍摄。

华为手机 P30 在 4K 或者在 60 帧的状态下，是不支持美肤、滤镜、视频特效的。对于大部分手机拍摄和剪辑来说，1 080P、30 帧就足以支撑手机观看的清晰度了。

有 UP 主配置了一台佳能 M50 微单，主要是为了 4 K 清晰度；收声配置了罗德麦克风，这两个都是淘换的二手产品，一共 4 600 元。灯光就用家里的台灯、折叠灯，还有一个 30 元的普通三脚架。但这位 UP 主也提到，相机其实还挺少用的，一般拍摄 VLOG，手机前置摄像头的 1 080 P 就足够了。

我不建议个人 UP 主一开始把拍摄后期做得太重，尤其是刚入局的 UP 主，可能有本职工作，可能还是学生，做 UP 主初期只是自我探索、自我记录和寻找未来副业的可能性。在这种前提下，后期越重越会成为负担。对于个人 UP 主来说，最大的阻碍是初期视频没有播放量导致的弃更。

2. 选择出镜方式

出镜方式一般有真人出镜和非真人出镜两种。

真人出镜是指创作者以真人形象拍摄原创视频。真人出镜视频，制作步骤如下：

（1）确定出镜形象；

（2）出镜常用背景布置（打光、布景）；

（3）话题脚本；

（4）拍摄；

（5）后期剪辑。

真人出镜视频，对于用手机拍摄的 UP 主来说，最重要的是手机像素和补光。

非真人出镜类视频，在 B 站上主要是把动画、表情包、视频片段等作为画面因素，再加上配音配乐。制作步骤如下：

（1）解说脚本；

（2）录音；

（3）配画面、垫乐；

（4）字幕、特效字、特殊音效。

非真人出镜的视频，想要吸引关注，某种程度上比真人出镜更难，非真人出镜对画面、解说、配乐的要求更高。

二、如何找到适合的拍摄取景

本部分主要面向考虑真人出镜或者实拍场景的 UP 主。

拍摄的取景，其实本质是视角的选择。

在 B 站的视频中，建议呈现给观众的视角就是朋友视角。要给观众尽量塑造一种画面视角，创作者就在观众对面聊天，或者创作者就是观众的朋友，带着朋友一起看大千世界。

视角还有第一视角和第三视角。第一视角就是，观众看到的就是创作者眼中看到的；第三视角就是，观众就在创作者对面，看创作者聊天、看创作者吃饭探店等。

如果是拍发抖音的 1 分钟短视频，受限于抖音的推荐机制，如果 3 秒之内视频吸引不到观众的注意力，观众可能就划走了。所以很多抖音拍摄者，在分享经验的时候都会提到"刺激感"，3 秒一个包袱，10 秒一个转折。

B 站视频则完全不需要这样，B 站的网友愿意给创作者更多的时间，网友看中的是亲切感和收获感，而这种感觉，其实比设置包袱、转折要难得多。

举例：拍一期吃麦当劳油泼辣子冰激凌，需要如何展示视角

第一视角，就是你眼中的冰激凌。第三视角，就是别人看着你吃冰激凌。

（1）第一视角，你看到了什么？

推开麦当劳的门、扫过餐牌找到"油泼辣子新地"，看向服务员并且告诉他，"我"要这个，接着看向自己的新地并端起来，走到一个空位放下餐盘。

油泼辣子冰激凌原来是长这个样子：能看见红油（此时你会猜测它的味道），拿勺子挖一勺看看——这勺冰激凌离你越来越近——终于吃到了（此时你会评价它的味道），吃到最后只剩一个空冰激凌淋杯。

（2）第三视角，跟你一起的朋友看到了什么？

你在麦当劳门口跟这个朋友打招呼，走向服务员点单，坐下打开冰激凌，看了看，一口、两口、三口……一直吃到冰激凌见底，偶尔跟朋友说两句话。

我们看的电影、电视剧、电视节目，一般是不会出现跳帧的，这些节目的摄制人员至少会准备两个机位，让画面切换更自然。

很多个人 UP 主因为只有一台设备，所以难免出现跳帧，虽然大部分网友并不在意视频是否跳帧，但是没有跳帧的视频会更流畅。

这里有一个小技巧，第一视角和第三视角的穿插，可以达到"两个机位"的效果，画面会更流畅，减少跳帧。

上文中提到，B 站用户并不期待看到 UP 主拍了一个美食大片，如果要看特效、要看制作，就会直接移步隔壁 OGV 看美食纪录片了。看 UP 主的视频，就是想看真实感。

很多 UP 主初期视频画面看着比较单薄，主要是因为只有一个机位。比如，美食类的 UP 主要么全程对着吃的；要么直接面向镜头，像短视频版本的吃播。

如果初期没办法切换"第一视角"和"第三视角"，一个比较"笨"的办法是，找一个朋友与你一起拍摄一支视频。你的手机就是你眼中的视角，对方的手机就是他眼中的你。

后期剪辑的时候，同时导入这两支视频，按理说这两支视频的音频是一样的，但是因为手机剪辑没法精准对音，所以只保留一个声轨，切换两种视角的画面调试。这样你就能测试出第一视角和第三视角怎么切换，怎样才能制作出最流畅的视频。

美食视频的拍摄方法其实就是室外 VLOG 的拍摄方法，创作者需要展示给观众自己眼中的世界与别人眼中的自己。

除了室外场景，我们还经常看到有 UP 主在室内固定场景聊天。建议新人 UP 主前期多尝试几种场景布置，最后选择效果最好的定为固定室内场景。

拍摄布景最重要的一点就是光源，为了避免自然光的影响，创作者可以选择夜间拍摄，或者找一个光线相对稳定的房间。打光主要是背景光设置、人像光、眼神光，其中，眼神光会让创作者看上去更精神。

除了布光之外，就是拍摄背景，背景与拍摄内容的关联性很强。

如果创作者拍摄的是生活 VLOG，要呈现生活中的场景感，卧室、书桌、沙发区等，这些都可以作为拍摄场景。

如果创作者拍摄的是知识类视频，希望凸显科技感或者专业感，但受场地限制没办法进行精细布置，背景就尽量简洁，或者网购带支架的幕布，某宝大概 300 元左右就能购买一套。

除了单人场景外，还会有对话或者双人出镜的情况，一般双人出镜是为了体现互动感，视频氛围也相对轻松，这里的布景更建议采用生活化场景，比如，客厅感场景。

第六节　后期制作：B 站官方工具必剪使用教程

在 B 站网页端投稿的时候，投稿处可以直接看到"bilibili 云剪辑"入口，云剪辑是 B 站的线上视频编辑工具。这款工具在网页端就可以操作，不用下载安装，支持简单剪辑和包装，如滤镜、转场、变声、字幕、贴纸等功能，不用导出就可以直接投稿，最高可以生成 1 080 P 的视频。

B 站推出线上云剪辑功能其实是很早之前的事情，但实话讲，这个功能目前来看，还是稍显鸡肋。

这里要讲的，包括我个人也更推荐的，是 B 站官方手机剪辑 App——必剪。

一、为什么要用必剪

必剪是目前最适合做 B 站视频的手机剪辑工具。

（1）必剪具备其他手机剪辑工具的主流功能。

（2）必剪会提供有"B 站味儿"的封面模板，这一点对于 B 站视频特别重要，因为同一屏推荐中至少有 6 支视频，用户要在推荐里进行选择，封面不够醒目、没有吸引力，点击率会低很多。

（3）必剪有在线上传功能。在必剪程序中可以直接上传视频。如果在 B 站手机端上传视频，不通过必剪，只能添加 6 个视频标签；如果在必剪上传视频，能添加 10 个视频标签。

另外，B 站官方会不定期推出必剪创作的视频奖励活动。

二、手机剪辑的基础点

如果创作者没有用过手机端剪辑工具，可以先了解手机剪辑最重要的基础点。

1. 拍摄合适的横版素材

因为 B 站超过一分钟的视频大部分是横版的，所以拍摄的素材要符合观看习惯。注意，拍摄的素材包含视频清晰度和声音清晰度。

拍摄之前先确保视频清晰度，可以点击相机的设置，然后把视频的分辨率调整到 16∶9（1 080 P），视频的帧率设置在 30 帧以上，拍摄的时候不要抖，确认一下光源，画面不要太黑就行了。一般来说，在 B 站上的视频虽然是可以调整清晰度的，但是要保证给观众最好的观看体验，就尽量用更高清、流畅的素材。

收声方面，新手前期可以采用同期收声、同步收声。如果同步收声的音质不好，再后期配音。创作者也可以直接在必剪上导入视频，直接在上面用手机补上配音或者导入后期音频。

2. 视频剪辑

在必剪中点击"视频剪辑"，导入视频。我个人的习惯是，先生成字幕，直接看字幕，判断哪里该剪掉，这比先剪辑再生成字幕快多了。

3. 添加转场、特效、贴纸、音效、垫乐

添加转场、特效、贴纸、音效、垫乐在后面会有详述，这里就不赘述了。

之后检查一遍字幕、声画，选择导出清晰度（推荐 1 080 P 及以上，帧率 30 及以上），直接导出就完成了视频剪辑。

三、视频剪辑技巧

接下来我们详细了解一下必剪的操作技巧。

要了解具体的操作技巧，首先要点击视频剪辑把视频导入，然后看最下方的几个功能键，比如，剪辑、音频、文字、贴纸、特效等，即要了解必剪能实现的功能，之后才能掌握视频剪辑具体操作步骤。

1. 自动生成字幕

要自动生成字幕，可以点击"文字"—"识别字幕"。5分钟左右的视频，自动生成字幕的时间大概只需要十几秒。

自动生成字幕这个功能，我认为是手机剪辑工具里最"解放"视频创作者的一个功能。先生成字幕，再进行视频剪辑，还是比较节省剪辑时间的，因为不用反复去回拉查看视频。

当然，自动生成的字幕肯定免不了出错，这个时候可以点一下字幕条，再点击"编辑"或者是"批量编辑"进行修改。

自动生成的字幕也可以进行位置调整和拖拽。

点击"样式"可以调整字幕的格式，包括字号、字体、颜色、间距、加粗、斜体等，调整后会通用于整支视频字幕。

注意，创作者选择字体的时候，还是尽量规避有版权风险的字体，含有商业合作的视频更要规避有版权风险的字体。

2. 声音调整

创作者在开剪之前，还要再查看一下是否需要调整音量。"必剪"可以支持视频音量调整，包括声音调大调小、加特殊变声等。

点击"音频"—"视频原声"—"音量"，可以调整整段视频的声音大小，也可以设置淡入等功能。

点击"音频"—"视频原声"—"变声"，可以设置几种特殊音，比如，男声、女声、卡通音、混响（回音效果）等。

如果创作者已经剪完了才发现声音比较小，或者希望整支视频都设置变音，可以点击"应用全部"。

3. 剪辑

在了解了字幕和声音的基本调整之后，我们来到了剪辑这一步。

其实视频粗剪就是把视频剪开，去掉不需要的部分，再把需要的部分拼在一起。

之前我也做过编导工作，有一些编导经验。编导界有一句话是，前期拍摄留下的坑，后期要流着泪才能补上。

我做编导的时候是摄影棚录制，有至少三个机位。场上有两位主持人、四到八位嘉宾。场下的工作人员有摄像老师、音频老师、灯光老师，还有导播老师等。我担任的角色是节目编导，同时也是负责自己节目的导演。当时我所在的栏目不分前期、后期编导，也就是说，自己拍摄出来的素材自己负责盯着剪辑成片。

因为有的节目是前期编导和后期编导分开的，很多时候，后期编导看着前期的庞大素材，以及一些没有衔接上的关键点，就会很发愁。当时的这段工作经历，就帮助我养成了一个很宝贵的拍摄习惯——在拍摄之前，先构思视频的分镜头。

比如，要拍一支外景的视频，成片预计在十分钟以内，一共要拍四个场景。

如果前期的脚本非常精细了，就可以把拍摄每一段场景的镜头都定好——每个场景预计拍摄哪些画面、要有哪些特写，大概需要拍几分钟的素材。这样就不会出现拍摄回来一堆非常庞杂的视频素材，筛选了一遍之后，却发现可用素材几乎没有。

前期详细的拍摄规划，能够为后期剪辑节约不少的时间和精力。

必剪中的"剪辑"视频段落，其实主要是分割、删除、片段排序和拼接，点击"剪辑"—"分割"，可以剪开视频，选中不需要的片段，直接删除即可。

必剪中也有撤回功能，如果误删了，点击"撤回"就可以还原。

点击"剪辑"—"排序"，可以调换几段视频的顺序；点击"剪辑"—"复制"，可以复制视频片段。

4. 音效编辑

音效其实是告诉观众，音乐响起的时刻应该有什么情绪，即音效对于一支视频主要起打节奏、强化情绪的作用。

比如，要设置视频转场或者要放一个情绪共鸣点、转折点，去营造搞笑氛围、恐怖气氛，表达沮丧、倒霉、震惊这些情绪的时候，再夸张的动作、表情、台词，可能都不如一个特殊音效能强调氛围感。

小时候看情景剧的时候，比如，《我爱我家》，就发现这些情景剧也会有拍手或者是全场大笑的特制音效，这样做有利于观众领悟到此处有笑点，或者此处埋了一个梗。

观众是容易被身边人感染的，创作者对自己视频的评价起初可能只是觉得还行，但当周围人都在开怀大笑的时候，创作者也会觉得，哎，好像是有点好笑。

看电视剧或者电影的时候，如果剧情要煽情了，一定会响起背景乐。这个背景乐，再配上人物的记忆闪回，就特别能营造泪点。而且音乐比剧情有时候更能打动观众的心，甚至多年过去，一想起来熟悉的旋律，已经淡忘许久的剧情，都会随着旋律在脑海中重现。

比如，"情深深雨蒙蒙"一响起来，就会想到依萍、书桓，想到电视剧中下不完的暴雨；听到"你是风儿我是沙"，就会想到含香、蒙丹，沙漠滚滚，想起"香妃娘娘化成蝴蝶飞走了"；听到"头上一片青天"，就会想到包青天、展昭、公孙策，想到主演额头上的月牙。

（1）特殊音效

在必剪中有很丰富的音频库，在视频中经常听到的特殊音效，在必剪中都有，可以直接取用。

加特殊音效，对于创作者来说，难点有二：一是找不到素材，二是素材太多，得一个个听。有经验的后期老师，会比较快找到需要的音效，但对于新手来说，音效一个个试一遍需要非常多的时间。

必剪的音效素材库更人性化，其中有几百个特殊音效，而这些特效是用使用场景命名的，减少了选择时间。

点击"音频"—"音效"，可以看到以下几类音效。

背景音乐气氛类：滑稽搞怪、恐怖提示、美食出锅、史诗开场等。

笑声：豪放大笑、卡通人物奸笑、众人大笑、夸张的笑。

动物：海鸥、青蛙、马叫、鸽子咕咕、鹅叫、小狗、野猫、公鸡打鸣。

自然：雨声加雷声、流水、刹车、打雷、脚步。

特殊音效：老式电话铃、收银机、逐渐没电、支付成功、锁屏、相机连拍。

综艺特效：心碎、遗憾收场、诡异警告、投币。

此外，还有飞刀、冲锋枪、炸弹爆破、拔刀等音效，创作者下载必剪后，可以选择自己常用的音效。

选中特效，点击"使用"，音效就直接接入视频中了。音频特效也可以调整音量、设置淡入淡出。

（2）垫乐

垫乐在视频中主要有两个作用，第一是打视频节奏，第二是打情绪共鸣点。

UP 主"阿诺正传"，就把自己的垫乐运用成了一个梗。阿诺本人是导演，拍摄了一系列情感短剧上传到 B 站上，每集结尾的时候，都会用"夜已沉默"的背景音乐，关注他的粉丝，会在弹幕上打谐音梗"爷已成魔"。

导入垫乐，点击"音乐"—"音乐库"，可以选择插曲。垫乐支持本地上传，也可以在曲库里选择。有快节奏、慢节奏、欢快、搞怪、国风、学习、百大 UP 主等不同风格的插曲。

（3）配音

如果决定采取后期配音，可以关闭视频原音。先选中视频，点击"音频"—"音量"，把音量调到零。

点击"音频"—"录音"，可以直接在必剪里配音，也可以点击"音乐库"—"本地"，上传前期录好的音频。

5. 画面特效

画面特效，主要有两个作用：一是完善拍摄画面、增加画面趣味性，二是提示重点、补充说明内容。

（1）亮度、滤镜调整

传统的拍摄团队，都会有一个非常重要的角色，就是灯光师。

对于很多个人 UP 主来说，一个人就是一个团队，没有专业的灯光师，也没有接受过专业的打光训练。一般 UP 主拍出来的画面，有时候会出现亮度过高，有时候会出现亮度过低的情况。

好的打光能够让一个人的五官显得更立体，甚至可以帮助出镜人修饰脸型、修饰气色。

如果在前期拍摄素材中出现了画面亮度或者是画质的问题，可以通过后期滤镜进行微调。当然，只是微调，没有办法让整个视频素材产生质的变化，不过调整后还是比调整前更好一点。

点击"滤镜"—"自定义"，有亮度、对比度、饱和度、锐化、暗角、色温、褪色、高光、阴影几个选项。创作者可以根据这几个维度，对视频进行调整，经过几次尝试之后，在同样的取景下，各个参数的数值就可以固定下来。

如果创作者觉得这样调整比较复杂，也可以直接选择左边滤镜中给出的几个选项，包括人物、电影、风景、美食风等，其实这个功能看上去就有点像视频版的美图秀秀。

（2）花字、贴纸

花字、贴纸这两个功能主要是用于强调重点，或者是用于视频内容的补充说明。

很多综艺节目里就经常会用花字特效。综艺节目用花字特效，一部分原因是，它的前期与后期是分开的，为了让整个节目更有逻辑，是要用这样的花字去把内容串起来的。

在综艺节目里，嘉宾说了一句可能引发误会的话，这时候花字就会飞过来一句"开玩笑的"，然后把嘉宾的脸上批上脸红特效。

视频要加花字，可以直接点"文字"—"添加字幕"，选择花字样式。如果是单独点添加字幕，一个字幕就是一个样式，不会影响到之前已经生成好的视频主体字幕内容。

必剪中，添加贴纸这一功能，既支持 B 站元素的贴纸，比如，一键三连、前方高能、知识增加、危、秀、青回有了（视频质量很好，给你投币了）、我裂开了等；也可以添加动图，比如，一堆问号飘过、一堆青回（青春回来）飘过、动感光波等。

注意，贴纸和特殊音效搭配使用效果更佳。

（3）转场、特效

在电视节目中，其实是很忌讳"跳帧"的，所以电视节目一般都是采用双机位，甚至是多机位的方式拍摄，这样在切换镜头的时候，就没有明显跳帧的感觉。

但在视频时代，其实网友们更看重视频本身的趣味性，而且很多 UP 主都是自己拍摄，只有一个镜头，不可能双机位，也盯不过来。如果有特别别扭的镜头切换，或者是想分开视频节奏，一般会采用转场特效。

添加转场，直接点击两段视频中间处，会出来一条小竖线和视频转场，选择添加合适的视频转场就可以了。

另外，如果想在视频上加画面特效，比如，花瓣飘落、雪花飘落、金粉、边框、播放器等特效，直接点击"特效"—"新增特效"就可以选择想要的效果了。

四、录音提词

录音提词这个功能比较适用于先有文字稿，用文字稿配画面这种形式制作的视频。

点击"创建新录音"，然后把文字稿粘贴在页面上，点击"录制"就可以开始录制了。

录制完之后，点击"创建"，就能直接进入用这个录音创建视频的界面，选中"录音自动识别文字"，可以同步生成字幕。

注意，这个时候视频是只有音轨而没有画面轨道的。

UP 主可以导入画面素材，这个画面素材可以是图片，也可以是动图或者视频。

五、虚拟形象

必剪还支持虚拟形象，UP 主可以选择自己喜欢的虚拟形象，给它搭配服装配饰。目前，虚拟形象功能还处在初级阶段，人物只能简单地摆动，没有嘴型，也不能设置动作。

但一支视频中支持创作多个虚拟形象，UP 主可以通过配音、配字幕、MV 等形式，进行充满想象力的创作。

六、视频模板

在必剪上还有一个视频模板的功能，它会先给出一段样片视频，比如，美食、VLOG、动感、唯美等风格的视频模版。模板会把这段完整的视频，拆成几个镜头，每一个镜头应该有几秒钟都会告诉创作者，创作者只用把自己拍的视频素材或者动图、图片往里填充就行了。

所有视频碎片都填入模板里之后，也可以修改文字、配乐、调节音乐声量，或者跟正常视频一样进行下一步编辑。

必剪里的"视频模板"节奏都偏快，其实更符合一分钟以内短视频的节奏，因为每个镜头大概只有一到两秒钟。

我认为，视频模板这个功能，并不适合在 B 站上直接作为完整视频模板使用，更适合做段落的特效模板，或者作为正片的引子、全片的快速提要，放在正片开头。

如果你完全是按照视频模板去套，做出来这支视频更适合发在"轻视频"里。

七、除了必剪之外，还有什么好用的手机剪辑工具

在"必剪"作为 B 站官方剪辑工具广泛使用前，很多视频作者在手机上剪视频，一般会用"剪映"，"剪映"是抖音推出的手机剪辑工具。

"剪映"上有抖音爆款视频的模板库，创作者可以在上面看到实时爆款，也有随节日推出的最新模板。前面我们讲过，抖音需要 3 秒的直接刺激，其本质是强算法机器。所以，抖音的剪映在剪辑上也突出这方面的功能。

抖音爆款也都可以拆解成几个几秒的镜头。创作者可以在模板库里，直接挑出中意的视频，然后点击"剪同款"，只用填进去一段 3 秒视频、一段 2 秒视频、一段 3.9 秒视频，就能一键"复制爆款"。

此外，"剪映"支持的视频比例很多：如抖音的 9∶16（竖版长方形），西瓜 /B 站的 16∶9（横板长方形），更接近视频号的 1∶1、4∶3 等。

常规的智能生成字幕、在线配音、插配乐、加特效、滤镜、画中画、转场剪映都支持。导出分辨率可支持从 480 P、720 P、1 080 P、4 K（清晰度），帧率支持 24、25、30、50、60（流畅度）。另外，单支视频导出后没有任何剪映的水印，也不收费。

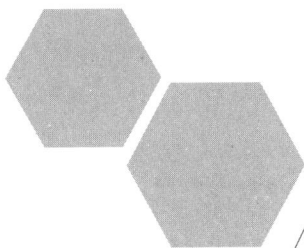

第三章
深度运营与转化获利

在新媒体行业做了这么多年之后，我发现大火靠机遇，小火靠努力，这个规律普遍通用。

机遇很重要，但机遇也没有那么玄乎。这个机遇其实指的是风口，无论你是赶上了一个平台的风口，还是赶上了平台中某个细分品类的风口，再或者你的内容正好赶上了平台要主推的品类、平台要树立的代表 KOL，都算是有了好的机遇。

机遇不见得时刻都有，也不见得正好就能被我们赶上，大部分人还是要靠努力。这个努力，指的就是运营。

运营这个词在互联网行业或者新媒体行业被提及的较多，从表面上看，运营的最终目的是流量增长，这大多数人都知道，但推动流量增长的根本性原因是什么，就很少有人去分析。在我来看，推动流量增长的根本性原因是深入理解目标用户，并提供给他们需要的内容。

本章我们将分析如何通过运营，进一步增强粉丝转化，以及获得流量增长后，如何进行商业转化获利。

第一节　通过运营提高曝光与转化

恭喜你已经做出了视频作品，接下来就到了运营环节。首先我们要明确运营的两个目的：第一是涨粉，第二是增加播放量。而这一切的核心，其实是满足用户的观看体验。

一、推荐算法：推荐与热门规则

如何让创作的视频出现在首页上？相信这个问题的答案很多 UP 主迫切都想知道。

因为大部分 B 站网友观看 PUGV 的视频都是在手机端，所以创作者常谈的上首页，一般是指出现在手机端首页中的推荐页。这一页主要出现的是用户已经关注的 UP 主近期视频，以及其他推荐内容。

大家都会很好奇，到底什么样的内容才能够出现在这样的推荐页里？如果"我"是新手，"我"的视频只有几百的播放量，有没有可能出现在这个页面里？从下面的讲述你也许能找到一些灵感。

我们先来看看 B 站手机端的页面呈现。

B 站手机端的页面最底端有五个按钮，分别是：首页、动态、创作、会员购、我的（个人主页）。点开首页，最上面的五个按钮是：直播、推荐、热门、追番、影视（包括电影、电视剧、综艺、纪录片等）。推荐页除了 UP 主发的视频之外，还有影视推荐、直播间推荐、创作推广、企业广告。

我们只说 UP 主视频。大家可以看到，每支视频的下方，都有一行浅灰色字，说明视频分区频道、参与活动，或者是橘色字说明视频点赞数。

视频下方的这行字，可以帮助我们反推出这些视频出现在首页的原因。平台的推荐机制可能会因为运营策略的调整而变化，但从目前现象中总结规律的做法，我们可以一直通用下去。

在不同账号、不同时间段，随机刷了 100 次左右推荐页后，我们发现，推荐页差不多有一半视频推荐理由都是点赞达到了一定量，点开播放后发现，点赞数和播放量的比例基本都超过了 1∶10。

除此之外，在其余将近一半的推荐内容中，主要是轮换热门分区频道，以及 B 站最近热推的投稿活动，比如，知识区的投稿活动"知识分享官"、情感类的"百万情感故事"，以及官方剪辑工具的创作推广活动"必剪创作"。

除此之外，首页视频可能还有如下来源：编辑推荐、兴趣标签推荐、创作推广视频。

编辑推荐或者说分区运营推荐主要推荐两种内容：一种是运营发现了目前平台需要的视频内容，另一种是参加平台活动获得了曝光机会。

兴趣标签推荐，主要是根据当前用户近期刷过哪些标签的视频而做推荐，但 B 站目前可能并没有采取算法机制，视频中也常见到"不知道为什么会被推荐这支视频"的弹幕。

实际上除了首页的推荐，跟兴趣标签强相关的，是出现在点开单支视频下方的相关视频。UP 主发完视频之后，一定要看看自己视频下方的那些视频，这些视频是否是与你的视频受众相符，因为你的视频大概率同样会被推荐给点开这些视频的观众。

如果你认为这些视频跟你视频的受众并不相符，就需要调整标签了，如果标签调整完，依然感觉不匹配，可能是标题、简介、动态中的关键词需要调整。

二、用"推广专用金"开始创作推广

在B站首页推荐中，左下角带有"创作推广"的视频，点击手机端"我的"—"创作中心"—"创作激励"—"创作推广"，可以进入创作推广页面。"创作推广"可以理解为，UP主"付费"推广自己的视频。截至2021年2月，对于大部分UP主来说，是不能直接充钱推广的，只能使用"推广专用金"。

其实这一规则对于大部分个人UP主来说，还是非常友好的，个人UP主要利用好这个优势。

1. 获得"推广专用金"

现阶段，视频推广金的获得还是主要来自往期原创作品的播放量奖励金，这也就意味着，过去视频质量越高，越能获得更多的推广金。其实这是一种正向的内容流动。

因为一旦视频推广完全放开可以充值进行推广，氪金视频大量出现，一个氪金推广位就要挤掉一个原本正常的视频推荐位，这难免会影响社区创作氛围和环境，影响原生UP主的创作热情。但站在平台的角度，这种方式在一定程度保证了推广的视频质量，同时也让原本需要支付给UP主的奖金，回流到了平台手上。

那么，如何获得"推广专用金"呢？目前主要有两种方式。

第一是创作激励，就是原创视频的播放量奖励金，可以直接用于推广，或者以最低九折的优惠兑换"推广专用金"。

上文中我们讲述过"创作激励"的获取方式——主要是来自UP主原创视频的播放量奖励。有了创作激励，就可以进行下一步推广了。创作激励除了可以转为"贝壳"提现，还能直接用于推广视频，或者以最低九折购买"推广专用金"。190激励金，可以兑换200推广专用金；900激励金，可以兑换1 000推广专用金。

要注意的是，激励金兑换为推广专用金后，不能再退回。同样，已经被结算为"贝壳"的激励金，也不能退回。在这里，建议关闭"创作激励自动转入贝壳"功能。

第二是报名涨粉攻擂赛、爆款小目标，直接获得"推广专用金"。

"涨粉攻擂赛"的考核维度是涨粉数。涨粉数根据 UP 主当前粉丝量浮动，以 5 000 粉丝账号为例，完成目标需要涨粉 1 万；10 万粉丝账号，完成目标则需要涨粉 5 万。

"爆款小目标"的考核维度是播放量。播放量要求，会根据 UP 主当前粉丝量变化而调整，如，5 000 粉丝的账号，投稿 7 天内播放量大于等于 5 万，点赞增长率大于等于 3%，就可以获得奖励；但 10 万粉丝账号，播放量要大于等于 10 万才能获得奖励。

在"推广专用"页面，UP 主点击"立刻推广"，就可以看到往期可推广视频。

2. 避开不能使用创作推广功能的视频

有三类视频，不能使用创作推广功能：

（1）视频发布已经超过 180 天，或者时长低于 10 秒；

（2）含有商业推广内容的视频（包括花火商单和报备广告）；

（3）被平台认为"该视频内容不适宜推广"的视频。

若视频被平台判定为不能使用创作推广功能，"推广专用金"会原封不动退回账户。

关于"不适宜推广的内容"，目前维度并不是很清晰。标题、封面、选题等原因，都有可能被判定为不适宜推广。但不适宜推广的视频，并不意味着限流。可能有一些播放量远超过账号平均播放的视频，也会被判定为"不适宜推广"。

3. 创作推广的流程

点击单支视频推广后，需要等待审核。官方说明的审核期最长为 24 小时、审核时段是 10: 00 ～ 22: 00，但一般情况下 2 小时以内都会回复，最快几分钟就能通过，夜里也可能通过审核推广。

视频按展示量计算推广金，注意，这里的展示量不等于播放量，比如，展示给200个人看了，但由于封面、标题等原因，可能只有20个人点进了视频。

单次推广期为 24 小时，没用完的推广金会退回账户，但单支视频推广期一般在 2 ～ 4 小时比较正常，若超过这个时间，就可能是视频展示受众有问题。

平台会在推广完成后一天内生成最后推广数据，这时间差有点长，有点不利于推广测试。

除了正常用作推广视频之外，创作推广其实是非常好的测试工具，UP主可以通过创作推广，测试不同类型的标题、封面打开率。

推广详情数据由三部分构成：稿件实际展示量、稿件点击量、稿件播放量，一般播放量会略少于点击量。

根据稿件展示量：稿件点击量的比率，能测出标题封面的打开率。UP 主可以通过不同视频的对比，以及同一视频的不同标题、封面对比，不断优化视频。

关于创作推广的三连问：

创作推广视频会影响 / 算入自然流量吗？

创作推广获得的流量能继续获得播放量奖励吗？

创作推广的视频可以挂悬赏计划吗？

根据 B 站官方的说法和 UP 主的使用反馈，视频的创作推广流量，是不会影响或被算入自然推荐流量的。而创作推广后产生的播放量，依然可以产生播放量奖励金；进行创作推广的视频，也可以挂悬赏计划。

三、优化视频，实现数据翻倍

B 站与其他平台在运营策略上最不一样的一点是，其他平台很可能出了一个爆款，播放量暴涨，就会带动同一创作者其他视频的播放量，这个创作者也会增加很多粉丝；在 B 站很常见的是，几十万甚至几百万播放量的视频，点进去会发现 UP 主依然只有几十个粉丝。

从粉丝层面来说，B 站的用户应该是目前所有视频平台中，最在意创作者"观众缘"的。所以，从运营策略上来说，做爆款不是终极目的，我们的目的是内容对观众有价值，至于这个价值是娱乐、是学习、是技术、是经验，还是陪伴，创作者可以根据自己视频的特色确定。

1. 选对投稿分区、优化标签，面向精准受众

很多新人 UP 主都很苦恼，为什么自己辛苦做的视频发出去之后，播放量只有几十个甚至几个。

这时候，创作者可能就会想，是不是这个选题观众压根儿就不感兴趣，或者是这支视频的内容实在没什么亮点、观众看不下去？但把这支视频发给身边的朋友，朋友看完之后都觉得还行。创作者也会把自己的视频跟其他类似选题，但播放量很高的视频对比，感觉内容差距也不是很大，那到底为什么会出现播放量不佳的情况？

最大可能性就是创作者的投稿分区、标签设置、标题、封面，这四点出问题了。

B 站官方的说法是，一般根据视频的互动率来选择推荐，对于算法精准推送并没有特别强调。实际情况是，这些年 B 站也一直在优化自己的算法标签，哪些用户订阅了相关频道，哪些用户最近频繁去查看相关标签的内容，就会大概率推送同类视频。

要想让 B 站官方推送你的视频，首先，你要保证自己的视频能够被精准推送到你希望展示的人群中。你也可以看一下自己后台的粉丝分析，里面会提到你的粉丝最常看的分区、频道，或者粉丝常搜的关键词是什么。

一个人的观看偏好基本是固定的，如果观众点进了创作者的视频，说明这支视频基本符合了他们的观看偏好标签，他们点击观看是潜意识行为。而

观众对创作者视频的标签定义，跟创作者原本对视频的定义可能完全不同，但这就是观众接收到的信号。如果观众的观感跟创作者设想的不同，或者是创作者没有表达清楚，或者是创作者真的更适合观众眼中的视频风格。

关于分区的设置，其实很多 UP 主的视频都投递过不止一个分区。尤其像生活、知识、美食、时尚这几个分区，有时候很难取舍。

我们来假想一个最极端的场景：早上"我"在化妆台前完成了化妆；上午要去一家心仪的公司面试，面试出来后，"我"跟大家分享了面试流程以及总结的经验。中午为了犒劳自己，"我"去吃了一直想吃的网红串串。

这样一个场景中，化妆是时尚，面试心得是知识区下的职场，中午吃饭是美食，这整个一天的流程，是生活区下的日常。

这种情况下，这支视频要投递哪个分区？要设置什么标签？

再仔细想想，这个问题本身不在于分区和标签，而在于对创作者自己对视频重点并没有清晰把握。

这样的一天，创作者完全可以把它拆成三支视频。化妆内容单独投到时尚区，面试心得完全可以投递知识区下的职场，美食单独剪出来投递美食区，这样每一支视频都能够面向更精准的用户。

至于生活区，如果想让人看完你一天做了什么，其实需要观众对你有很高的认可度，有认可度才会对你的经历好奇。但对于大部分新人 UP 主来说，与粉丝还没有情感联结，所以单纯日常流水记录，就很难有播放量。

关于标签，创作者可以"从大到小"设置，第一是便于搜索，第二是便于跟观众标签对应相匹配。

2. 引爆点设置：如何提升弹幕互动率

B 站弹幕中有几个常见词，表达了用户对 UP 主的视频反馈。其中，表达用户对 UP 主最高赞誉的弹幕是："你币有了"。最让 UP 主苦笑的弹幕是："下次一定"。

B 站的视频长按点赞就能完成"一键三连"，即点赞、投两个币、收藏。

一个用户对一支视频最多只能投两个币，所以"一键三连"意味着用户对 UP 主的极度认可。

与之对应，UP 主也会在视频里"搞笑暗示"：大家看这个月饼，像不像一个硬币；听我咬一口月饼的声音，像不像你一键三连的声音。如果视频质量确实非常好，弹幕就会出现：没忍住、输了。

UP 主与粉丝的关系，有点像相处多年的损友，平时"你"在视频里开玩笑，"我"在评论区和弹幕里"损你"。但 UP 主真的取得了阶段性成就，比如，获得了 10 万粉丝银牌、百万粉丝金牌，粉丝也会真心替 UP 主高兴。

每发现一位粉丝量不高，但视频质量很好的 UP 主，B 站的用户就会在弹幕评论——好看不火；会留言给后来看到这支视频的网友——恭喜发现宝藏 UP 主；会在评论区留言——现在关注就是老粉了。当下一个观看者点开一个宝藏 UP 主的早期视频，开头就会飘过一片弹幕，"梦开始的地方""考古""青回"。

这种陪伴 UP 主成长的耐心，对待 UP 主是朋友般的互动视角而不是爱豆粉丝心态的仰望视角，在其他平台几乎没有。

当一个 UP 主粉丝突破 10 万、100 万的时候，视频开头就会飘过，10 万粉丝合影、百万粉丝合影。

弹幕某种程度上是最实时的用户"观感"。B 站弹幕文化，使得 UP 主创作的视频成了粉丝的"视频聊天板"。因为弹幕的实时体验性，所以 UP 主也可以通过观察弹幕峰值点，倒推自己视频的哪段内容或者哪句话更能引发用户的交流欲望。

如果前期不知道该怎么设置弹幕互动，创作者可以从开头的粉丝问题调研，也可以从结尾的卜期选题投票开始调研。

3. 互动数据

B 站的视频推荐机制会综合"一键三连"（点赞—投币—收藏）、点击率、完播率、互动率（弹幕）、视频标签等维度，并综合官方运营人员人工推荐。

在每支视频下方会有相关视频，这些视频与该视频标签相似，所以打好标签对于 UP 主的初始流量很重要。

与强算法分发机制不同的是，这种"视频评价 + 兴趣"的推荐机制，不会让用户过于沉迷。

目前，B 站有几类更垂直的投稿类型，如，情感、知识、美食、资讯。UP 主也要定期关注自己擅长的垂直类活动，有些活动会说明奖励内容，如，奖励中含有"首页通知书"、流量推荐等激励。

从流量逻辑来讲，目前 B 站视频主要是单支视频推荐，并没有所谓的账号权重。一般认为，新视频发布 24 小时以内会有 1.5 提权。

4. 巧用平台功能，增加关注转化

其实 B 站为 UP 主提供了很多增加转化的工具，比如，在视频中加水印、插入引导关注、引导"一键三连"、跳转相关视频等功能。我们下面讲一讲增加转化的设置方式。

（1）给视频加水印

加水印可以增加粉丝对 UP 主账号的记忆点。水印名称就是 UP 主的账号名，为统一格式的半透明白色。

水印添加方式：点击"创作中心"—"创作设置"，可以给原创视频加水印。UP 主可以选择左上角、左下角、右上角、右下角四个位置加水印。

（2）在视频播放过程里，弹出引导关注提示

目前，有两种方式可以在视频播放过程里，弹出引导关注提示。

第一种是进行统一设置："创作中心"—"创作设置"—"播放器配置"—"关注功能设置"。注意，视频时长需要在 10 秒钟以上，而且只有全屏观看时才会弹出引导关注。

第二种是对单独视频设置："创作中心"—"内容管理"—"稿件管理"。在编辑、数据边上，有三个竖点，将鼠标轻移在三个点上，点击"个性化配置"，就可以设置。

一键三连

点击粉色"引导关注"，可以设置"关注＋三连引导"，出现时长为 5 秒，可以配置在任意时间点，但一支视频只能设置一处。设置成功后，也可以随时修改。

点击绿色"关联视频"，可以设置视频跳转链接，出现时长为 10 秒，输入视频完整 BV 号就可以建立链接。

（3）设置私信自动回复

私信自动回复设置步骤：点击"创作中心"—"创作设置"—"自动回复设置"。

创作者可以在四处设置自动回复：被关注回复、关键词回复、收到消息回复、大航海上船回复，四处自动回复最高字数限制都是 500 字。

被关注回复，顾名思义，是粉丝关注 UP 主之后，才能收到的回复。这也是除了视频，UP 主第一次与粉丝进行更有针对性的交流。UP 主可以在此做一个精简的自我介绍，也可以在回复中插入视频 BV（B 站的视频编码）号，对视频做补充说明。或者将这次回复机会作为用户调研的渠道，"你最喜欢我的哪期视频？"再或者作为选题征集渠道，比如，"下期视频想看什么？"

关键词回复，当 UP 主发现评论区、弹幕、私信中频繁提到某个关键词时，可以设置关键词自动回复。

收到消息回复，即粉丝给 UP 主发消息会触发的自动回复。

大航海上船回复，是 UP 主开通直播后，粉丝充值舰长后会收到的回复，一般是感谢回复。

私信投稿推送

（4）特别关注回复

特别关注 UP 主的粉丝，可以收到 UP 主新发布视频的私信推送。设置方式："创作实验室"—"投稿私信推送"。同时，UP 主可以写一句留言跟视频一起发给粉丝。

四、粉丝运营，找到适合你的方式

现在的粉丝是具有普遍意义的"支持者"：最早在百度贴吧中，粉丝就是吧主的支持者；在新浪微博中，粉丝则是关注博主的人；而在 B 站平台上，粉丝则是喜爱 UP 主的人。

下面我们来介绍一下 B 站的粉丝运营。

1. 骑士团

骑士团可以理解为 UP 主的账号协管。设置方式为："创作中心"—"粉丝管理"—"骑士团"。

UP 主可以设置 10 个骑士团成员，帮助自己管理评论和弹幕。被邀请成为骑士的用户需要关注该 UP 主并且绑定手机号。

骑士可以做删除、保护弹幕，屏蔽用户弹幕，删除评论这三项操作。每个骑士单日删除操作上限为 100 次，创作中心会保存骑士的操作记录，UP 主可以进行回查撤销。

除了管理弹幕、评论区之外，UP 主还可以设置骑士为直播房管。

2. 粉丝勋章

粉丝勋章是增强 UP 主与粉丝连接的重要纽带，体现了粉丝与 UP 主的互动程度。只要粉丝超过 1 000 个，UP 主就可以开通粉丝勋章了。

粉丝勋章开通方式在"创作中心"—"粉丝管理"—"粉丝勋章"。UP 主可以设置自己的粉丝勋章名称，可以最多设置 6 个字符，但这个名称不能与别人已有的粉丝勋章名称重复。

UP 主不能自行设置领取勋章条件，任何账号的领取勋章条件都是统一的，具体来说，满足以下任何一点就行：

（1）为 UP 主投币 20 个（10 次三连）；

（2）充电 50 个电池（1 元可以购买 10 个电池）；

（3）在直播间赠送礼物 B 坷拉（9 900 金瓜子，即 9.9 元）。

2021 年 6 月，粉丝勋章相关规则出现了调整，调整后领取粉丝勋章的条件变为：

（1）在直播间消费 99 个电池（1 元可以购买 10 个电池）；

（2）在直播间赠送一个礼物 B 坷拉（购买需要 99 个电池）；

（3）开通 UP 主 / 主播大航海；

（4）充电 5 个 B 币（购买需要 5 元）。

UP 主设置完粉丝勋章的名称后，可以在创作中心改名，第一次改名只需要消耗 20 个硬币。改名成功后，如果想再次改名则需要等待 90 天。

粉丝领取粉丝勋章后，随着与 UP 主互动行为的增加，如观看视频投币（1 个硬币 =5 亲密度）、为 UP 主视频打赏（就是充电，1 个电池 =1 亲密度）、观看直播打赏银瓜子（100 银瓜子 =1 亲密度），都会提升粉丝勋章等级，粉丝勋章最高等级是 20 级。

3. 应援团

B 站的粉丝应援团，可以理解为站内粉丝群，采用的形式是 B 站里的群聊，一个应援团（一个粉丝群）最多人数上限是 1 000 人，满员之后会自动开新团。同一个 UP 主的同一粉丝只能加入一个应援团，另外，只有开通了 UP 主粉丝勋章的用户才能加入应援团。

在 B 站上，知道并且开通粉丝应援团功能的 UP 主其实是非常少的，可以说这是一个隐藏功能。这个功能不仅开通方式比较隐蔽，开通渠道也有限制。在手机客户端就开通不了，只能在网页版"我的消息"中开通。

具体的开通方式是这样的：登录 B 站网页版主站，在头像旁边有一个"消息"，点击"我的消息"，点击"创建应援团"。

创建应援团

很多 UP 主其实更倾向于把粉丝邀请到 QQ 群，因为 B 站用户喜欢使用 QQ，而且相比于微信，QQ 群功能更符合 B 站用户的使用习惯。

对于用户来说，粉丝应援团的加入方式和入口也比较深，需要在网页版上点击头像边上的"消息"—"我的消息"—"应援团助手"，查看可以加入的应援团。除此之外，只能 UP 主生成应援团二维码，发在动态里，已经领取粉丝勋章的用户可以扫码入群。

粉丝在 B 站上主要用私信、评论、弹幕三种方式进行文字输出，这种表达习惯是单向的，并不像群里的及时双向沟通，但随着 B 站各项功能的不断完善，能及时双向沟通的粉丝应援团也可能成为未来 UP 主运营的标配。

要申请加入 UP 主的应援团，必须开通 UP 主的粉丝勋章，而开通条件我们前面也讲过，还是需要对 UP 主有一定的支持、认同，并且产生深度互动的，所以加入应援团的用户，多数都是 UP 主有深入沟通的"铁粉"。

但要注意一点，社群管理是一件非常重要的事情，在 UP 主精力有限的情况下，每个应援团可以设置 10 名群管，跟 UP 主一样，有禁言、请出群成员的权限，自动退出应援团或者被请出的群成员，想再次入群需要获得 UP 主或者群管理员的同意。

五、UP 主的"后悔药"：已经发布的视频的修改

相比于其他平台，B 站视频发布后，可修改的空间非大，像标题、封面、标签的改动，通过手机端就可以完成。电脑端比手机端更灵活，可以实现更丰富的修改操作。打开 B 站网页版，点击"创作中心"—"内容管理"—"稿件管理"，找到需要修改的视频，点击"编辑"。

B 站视频修改次数是不限制的，这一点对于 UP 主来说非常友好。

标题、类型、标签、简介、动态内容、封面图，甚至是视频都可以替换，播放量、点赞、投币、收藏、评论不受影响，当然弹幕也可以同步迁移。

已发布的视频除了分区、原创声明、商业声明，在稿件内容层面，绝大多数都是可以修改的。

具体修改操作如下。

（1）标题、封面图、简介、动态修改。手机端和网页版都可以修改标题、封面图、简介、动态，修改后的内容会被再一次审核，但审核时间一般只需要十几分钟。等待过审的这段时间依然可以进行修改调整。

（2）标签修改。手机端投稿只能添加 6 个标签，网页版可以添加 12 个

标签。手机端投稿发布后，可以通过网页版再补充更多标签。注意，频道标签添加后不能删除。频道标签在网页版会显示为带有三个点的蓝色标签。

（3）添加多人投稿。网页端已发布视频可以随时添加或取消多人投稿。

（4）视频修改、弹幕迁移。点击"添加视频"，待新视频 P2 上传成功后，删除旧视频 P1，重新点击"投稿"。

（5）弹幕迁移。修改视频过审后，点击"稿件管理"，在编辑、数据边有三个点，挪到三个点上，点击"弹幕管理"，选中旧视频中的弹幕，这些弹幕就可以迁移到新视频中了。

第二节 用爱发电的一点补偿

B站网友把长期低收入甚至无收入，依然坚持更新的UP主称为"用爱发电"。很多B站UP主都会在自己的视频中提到，做UP主真是"用爱发电"，收入微薄。他们说的是实情吗？

非常悲伤地告诉大家，UP主们说的确实是真的。为什么这么多人看好B站，但很多UP主收入依然不高？

这主要是因为，相比于微信公众号、抖音这些平台，B站的商单还没有完全成熟，商单总量不高，很多UP主甚至都没有接过广告。而之前在B站视频中，大部分UP主的收入都来自"创作激励""充电计划"。

本节我们将告诉大家，在B站上，UP主除了接广告之外，还有哪些收入来源，未来UP主收入还有哪些增长点。

一、UP主在B站的收入来源

目前，视频UP主在B站有以下几种收入来源：

（1）充电计划，即用户给UP主打赏，主要通过B币完成。

（2）创作激励，即视频播放量奖励金，可以转入"贝壳"提现。

（3）悬赏计划，UP主在视频上挂商品链接，商品如果卖出，会收到商家的分成。

（4）广告分成计划，UP 主可以自由选择开通，随时关闭。开通后，视频下方会出现平台根据视频调性匹配的广告。这个功能是 2021 年 4 月 17 日开放内测的，只限原创、非商单视频参与。影响收益的因素是视频播放量、广告点击量、广告品类等。

（5）花火商单，品牌方通过 B 站平台下单，这笔钱是品牌方给 UP 主的广告费。

在 B 站主播的收入来源有以下两种：

（1）直播礼物、舰长等收入；

（2）线下活动、展会等收入。

二、"虚拟币"：B 币、电池、贝壳、金仓鼠

B 站有一些特殊的虚拟币，如 B 币、电池、贝壳、金仓鼠，这些"虚拟币"都有什么意思？相信新人 UP 主都很想知道。

1. B 币和电池

B 站用户充值给平台的虚拟币，主要是"B 币"和"电池"这两种。

"B 币"主要用于购买虚拟服务或者增值服务。B 站官方对于"B 币"的定义是：购买哔哩哔哩平台上虚拟商品的预付费凭证。B 币比较常见的使用场景是给 UP 主打赏（充电）、购买个性装扮，1 元 =1B 币。

如果用户充值了 B 站"年度大会员"，每个月可以在个人主页的"我的大会员"，领取 5B 币券，如果当月没用完的话，该月月底作废。

充值后 B 币不能退款，不能提现。这里还有一点提示，在苹果 ios 系统上购买的 B 币与在安卓系统上购买的 B 币不能互通。

电池主要是直播场景充值，用于购买给主播打赏的虚拟礼物。用户购买"电池"给主播买虚拟礼物，这些礼物最后会折算成"金仓鼠"，转入主播的收益账户中。

目前，在 ios 端、安卓端、网页端充值的电池可以通用。在网页端和安卓版本，1 元 =10 电池；ios 端 1 元 =7 电池。

2. 贝壳和金仓鼠

B 站可以提现的"虚拟币"主要是"贝壳"和"金仓鼠"这两种。

"贝壳"收入主要来自视频，比如，原创视频的创作激励、粉丝充电、参加有奖投稿活动的奖励，这些都会以"贝壳"形式发放到 UP 主的账户。1 贝壳 =1 元。

"金仓鼠"是直播体系中，主播收到礼物和打赏等最终转化的虚拟币。直播体系中大部分主播收益，都会以"金仓鼠"形式发进主播的账户。1 000 金仓鼠 =1 元。

三、充电计划：如何吸引用户打赏

目前，开通充电计划，不需要特别的条件，只要作为 UP 主投稿过一支视频就可以了，原创和转载视频也可以开通充电计划。

充电计划的开通，需要在网页版操作，点击"创作中心"—"收益管理"—"充电计划"，开通即可。开通成功后，在 UP 主的个人主页会显示充电面板，粉丝就可以进行充电了。

UP 主实际到手的收入需要扣除约 30% 的渠道服务费，其余的直接转化为"贝壳"，UP 主根据"贝壳"规则提现。若提现金额达到一定的数量标准，还涉及扣税。

粉丝会在两个明显的地方看到充电提示，第一个是 UP 主的个人主页上，第二个是在网页版视频播放结束后，如果是原创视频，就会显示充电排行和充电入口。还有一个充电处非常隐蔽，在手机端全屏播放时（注意必须要全屏播放），视频上方有一个小电池符号，点击小电池可以对单支视频充电。

目前，对于 UP 主来说，充电收入算是收入来源中最少的一个。但我们单独提出来说，是因为根据 B 站用户的黏性，未来深度运营用户，可能会把泛流量转化为铁杆粉丝。

凯文·凯利提出过一个理论，叫 1 000 个铁杆粉丝理论。

先为不熟悉凯文·凯利的读者介绍一下他。凯文·凯利是《连线》杂志的创始主编，也被称为 KK，他在 1994 年出版了一本书——《失控》，这本书中提到了不少对未来的预测，比如，云计算、物联网、虚拟现实，因此，凯文·凯利被奉为世界互联网行业的"教父"级人物。

凯文·凯利认为，如果是为了谋生的话，作为一名工匠、摄影师、音乐家、作者，只需要 1 000 个铁杆粉丝就足够了。

这个铁杆粉丝的要求还是很高的——作为铁杆粉丝，他们愿意购买创作者的任何产品。如果你是一位歌手，你的铁杆粉丝会开 200 公里的车来听你的演唱会；如果你是一位作家，铁杆粉丝就算已经有了简装本，也愿意花钱购买你书籍的精装纪念版。

如果这 1 000 个铁杆粉丝每个人每年愿意给创作者支付 100 美元，创作者就可以拥有 10 万美元的年收入，足以糊口了。这个理论中的 100 美元，又被解释为一个铁杆粉丝一天的收入，有 1 000 个人，愿意每年抽出他一天的收入给创作者。

当然，创作者要满足这 1 000 个铁杆粉丝的需求，必须能跟这 1 000 个铁杆粉丝保持直接的联系，而不能通过第三方中介间接与粉丝沟通，粉丝支持的是这个创作者，必须要让粉丝感觉到创作者在跟大家保持密切的互动。

那我们也可以理解为，这是粉丝对于他们所支持、所喜爱的人的一种赞助。为了获得这种赞助，创作者需要不断向外输出，不管是用品、书籍，还是视频，都要持续更新。

其实这个理论，放在如今的内容创业时代，也适用。

早在 2013 年的时候，自媒体行业的代表性人物罗振宇，就曾经通过付费会员招募验证过这个理论，还掀起了行业对于粉丝经济的讨论。

2012年开始，罗振宇开始在罗辑思维公众号每天推送一条60秒的语音，并收获了大量粉丝。

2013年8月9日，罗辑思维推出了"供养"付费会员制，5 000个普通会员，标价200元；500个铁杆会员，标价1 200元。宣传语非常简单：爱，就供养；不爱，就观望。这场试验的结果是，5 500个会员名额半天就售罄了，也就是说，半天入账160万元。

早年间罗振宇提到，当所有的资源都可以围绕着人的力量展开的时候，人就具备了强大的力量。这也是当年微信公众号，即使是图文形态，也非常强调人格化运营的原因。

从过去发生的事情中，其实可以总结出对未来趋势的判断，而且很多事情只是换了一种承载和表达形式，本质是没有发生变化的。

能够让用户愿意为自己的视频付费，是很多带着做节目心态去做短视频的UP主希望实现的梦想。如果只是为了看视频或者只是为了看美食节目，那么看谁的都一样，现在内容创作的竞争这么激烈，没有谁的内容一定是不可替代的。而且很多创作者是只希望潜心于创作或者是专注于自己的产品，他们并没有更多的精力去跟自己的粉丝保持互动。

但对于1 000个铁杆粉丝来说，他们所"赞助"的这位创作者，对他们而言，就是不可替代的，这也是铁杆粉丝愿意付费支持的原因。

在内容创业发展的这些年，有不少创作者都有了自己的铁杆粉丝。而早年间能够展现出这么强大粉丝号召力的却很少，罗振宇算是其中的代表性人物，而表现是他面向粉丝的"直接号召力"。罗辑思维是最早在公众号渠道，通过每天60秒语音，让粉丝更感觉到有"交流感"的账号。

随着时代的发展，内容创作的形式从图文转化成视频，越来越多的KOL甚至是"素人"创作者，都开始展现出一定的粉丝号召力。

因为短视频给粉丝的观感更加直接，而且人格化的属性也更强，粉丝容易跟一个"立体的人"发生情感联结，所以粉丝对于视频创作者的黏性要比图文创作者更强一些。

但其实粉丝黏性最强，或者说是收入最直接取决于粉丝打赏的，当属主播。主播的收入来源基本就是粉丝打赏，而且主播的粉丝也知道，他们是主播最主要的经济收入来源。

早期的主播，主要是秀场直播，即偏娱乐性的直播。后来随着电商直播概念的兴起、直播带货平台和工具的成熟、商家"教育"的普及，也出现了一批以电商带货为核心收入来源的主播。

电商主播在运营成熟化之后，收入是远远高于秀场主播的，因为后者的收入主要来自企业方的坑位和商品销售分成。游客随机点入直播，可能之前对主播没有一点了解，更谈不上铁杆，都会因为产品不错、折扣合适，而选择下单。为了商品下单，粉丝是能够获得实物收益的，大概率还比日常购买要便宜，这一点比单纯为了支持主播，并没有实物回馈要有优势。

回顾B站的充电计划，这个功能上线是在2016年1月。第一个开放充电功能的是舞蹈区，到2月4日开放至全站。

充电计划开放的时候，其实很多UP主对这一功能是充满期待的，但发展至今，哪怕是站内顶流，收到粉丝充电的情况也并不乐观。

以站内顶级流量"老番茄"为例，2020年2月上旬，充电人数537人，这期间更新了3支视频，平均每支视频让180个粉丝支持充电。对于站内顶级流量而言，这个数字确实并不可观。

在B站充电计划开通的2016年，微信公众号的原创打赏功能已经发展得比较成熟了。在2016年年底，我们对当时微信公众号创作者进行过一次关于赞赏的访谈。其中"六神磊磊读金庸"，一篇阅读量10万+的微信推文，赞赏人数达到4 603人，赞赏总金额达到4万元。而单篇微信公众号文章打赏过万元，在行业里其实并不少见。

相比于B站的单次打赏金额，微信公众号的单次赞赏金额普遍较高，有微信公众号创作者，每篇文章都会持续收到同一位读者200元的赞赏。

B站充电计划可以借鉴公众号的是，除了赞赏之外，微信公众号在2020年

1 月 15 日全面上线了付费阅读功能。

充电计划发展到现在，依然没有达到当年的希望——给 UP 主创造收益，一个最主要的原因是，没有给粉丝提供便利的打赏场景和打赏入口。目前，只有网页版的视频末尾能够看到充电提示，手机端播放视频结尾只有相关视频推荐，与微信公众号的文章赞赏入口相比，B 站的充电入口还是非常隐蔽的。

粉丝充电时会显示是给 UP 主本人充电，还是具体是为哪支视频而充电。充电时还可以给 UP 主一句留言，表达对 UP 主的支持。充电后粉丝 ID 会显示在 UP 主个人主页，或者是显示在网页版视频结束后 3 秒的充电榜中，表达对粉丝支持的感谢。

从目前来看，充电还不足以支撑 UP 主运营，粉丝的充电更多是对于 UP 主创作的激励。但随着平台发展的完善，未来 B 站的充电收入，也可能成为 UP 主收入的重要补充。

四、激励计划：播放量如何转化

1. 什么是激励计划

激励计划，可以理解为 B 站官方给 UP 主的原创作品提供的播放量奖励。虽然激励计划面向视频、专栏、音乐素材，但其实还是视频创作者获得的激励比较多。

目前，B 站创作激励金有三个作用：第一是直接转化为"贝壳"提现，比例是 1 : 1，当然如果提现金额达到扣税标准，是要扣税的；第二就是用于创作推广，把这笔激励金再花回 B 站，给自己的视频买曝光量；第二就是用于站内消费，比如，购买大会员，大会员可以自己用或者赠送粉丝。

2. 激励计划如何提现

激励金的提现，必须转化为"贝壳"才能实现。UP 主收到的激励金会在每个月 6 日之前自动转化为"贝壳"，当然，也可以设置成手动结算激励金。

手机端和电脑都支持提现。

提现的方式有支付宝和银行卡两种。如果选择支付宝提现，每天可以提现一次，需要满 100 元，单次提现上限是 2 000 元。B 站官方的说明是提现 24 小时之内到账，但一般情况下都能实时到账。银行卡只能在每个月 6 日～10 日提交提现申请，最晚会在次月 1 日前到账。银行卡提现也需要满 100 元，没有上限。

每个月提现金额如果在 800 元以内，是不需要再额外扣税的，在 800 元以上的部分就需要扣除 20% 的税点。比如，提现金额 1 000 元，UP 主实际到手是（1 000 元 –800 元）× 80%+800 元 =960 元。

3. 如何申请加入激励计划

申请加入激励计划视频、专栏和素材上是分开的，我们主要就谈申请加入视频激励计划。视频开通创作激励，需要满足电磁力分值，要求 UP 主的创作力或者影响力大于等于 55 分，且信用分大于等于 80 分。

UP 主想查看自己的电磁力情况，在手机端就可以实现。点击"创作中心"—"创作首页"—"更多功能"—"创作实验室"。

电磁力主要有三个维度，创作、影响和信用。

信用这个维度是比较好获得的，只要没有违约记录，基本都会在 80 分以上。创作维度，主要是根据视频投稿和互动数据来确定。影响维度，主要是活跃的粉丝数。这个活跃的粉丝数，可以参考手机端"创作中心"—"粉丝管理"，这个页面的粉丝总数下方会显示活跃的粉丝数。

除了信用度维度之外，在创作力和影响力方面，平台方的解释中都没有一个准确的数字，比如，投稿数和互动数达到一个什么样的比率，或者是粉丝活跃度达到一个什么样的数字就可以获得升级。

但相对来说，创作力维度的分值更好提升。如果有播放量不错的稿件，可能发了 1 ～ 3 支原创视频之后，就可以开通创作激励了。

再次强调，必须是原创视频才能获得创作激励。商单无论是走花火平台，还是报备流程，只要是含有广告的视频，哪怕是原创，也不会获得创作激励。

加入创作激励之后，UP主可以在"创作中心"—"创作激励"中，查看获得的奖励金。每天零点之前会更新两天之前的数据，也就是说，如果是周一的视频激励，周三才能看到具体数值是多少。

特别提示，这里显示的是总激励金，比如，之前创作者发布了5支原创视频，周三这里的数字显示的就是周一发布的这5支视频一共新增了多少激励金。

如果想单独查看某支视频的激励金，可以点击粉丝的激励金金额，先会看到累计的激励金总数，再往下拉，就可以看到"收入明细"—"每个稿件的收入"。

4. 加入激励计划后，视频会被减少推荐吗

之前有UP主反映过自己的困惑，说感觉加入了激励计划之后，视频的播放量比之前有所下滑。会不会是因为加入激励计划，平台方要付出更多的激励，就减少了流量推荐？

通过与多位不同分区的UP主进行深入沟通之后，得出的结论是，加入激励计划之后，大部分UP主的播放量与之前相比还是在正常水平的。

当然，如果UP主加入激励计划后视频播放量不如意，也可以选择随时退出激励计划。激励计划可以随时退出，随时加入。

5. 激励计划的具体收益怎么计算

激励计划可以理解为播放量的收益情况，当然只对原创、非商单视频有创作激励，一万播放量大约是小几十元。

关于这一点，B站官方的解释是，创作收益是由稿件本身的内容价值决定的。其中用户互动行为，比如，点赞等，也会影响到收益计算。当然按照分区来看的话，投稿到不同分区，收益会有轻微的波动，进而会影响到收益

计算。

也经常有 UP 主会在视频中提到，做 UP 主不赚钱，主要就是以创作激励作为参考维度的。确实，B 站的创作激励收入（或者说播放量奖励）在各平台中并不算是有优势的。

如果按照播放量单价创作收益来算，各个视频平台其实差不多，或者说 B 站还算相对高的。但是 B 站的视频播放含金量相对较高，可能 10 万左右的播放量在 B 站上就算非常不错的视频了，但是，在其他平台会更容易出几十万、上百万的播放量，对应的播放量补贴总数也就高了。

五、悬赏计划：电商带货进化论

1. 如何加入悬赏计划

UP 主加入悬赏计划的步骤：网页端点击"创作中心"—"收益管理"—"悬赏计划"，进入悬赏计划界面。

只要 UP 主的粉丝超过 1 000 个，并且 30 天内有一个投稿就可以申请开通悬赏计划。如果 UP 主的视频涉及商品带货的话，还需要绑定淘宝客 PID（淘宝客编码，有编码可以获得佣金）。

2. 什么是悬赏计划

如果你在 B 站上刷到过视频播放页下方，就会看到一个弹窗，弹窗上写着"UP 主推荐广告"，点击可以进入广告界面，这就是悬赏计划的一种呈现。

注意，只有原创视频才能参与悬赏计划。

现在 B 站的悬赏计划主要由两部分构成，一个是商品中心，二是广告任务。

其实可以把悬赏计划理解为：按效果付费。这个效果，可以是卖出了一件商品按比例获得的佣金，类似过去的分销、淘宝客概念；也可以是按照播放量展示、广告点击情况获得的佣金，类似过去的 CPM（Cost Per Mille，展现成本，或者叫千人展现成本）、CPC（Cost Per Click，点击成本，即每产生一次点击所花费的成本）。

目前，B 站悬赏计划这块儿业务虽然还处在发展的初期，但从前景来看，这块儿业务可以说是 B 站这个平台一个尚待开采的宝矿。只不过 B 站现在把这个权限放在了 UP 主的手中，UP 主可以自由选择是否要在自己的视频下方展示广告内容。

UP 主开通悬赏计划后，可以进入商品中心和广告中心，选择自己认为合适的合作项目。

商品中心展示了当下的商品库。商品库目前一共有八个类目：食品饮料、美妆个护、居家日用、潮流服饰、宠物生活、数码科技、运动户外和其他商品。

这种模式就是电商带货，按照 CPS（Cost Per Sale，按销售额付费）结算佣金，也是当前悬赏计划的重点。

接下来讲一下怎么看单个商品卡片的信息，怎么筛选合适的产品。

以下图中商品为例，左下方的"券"，代表这个商品在原价外给 UP 主的粉丝还设置了优惠券，粉丝可以领券购买。

带券的商品

UP 主的"单笔赚"，就是每成功卖出一件商品（需要粉丝确认收货）

所获得的佣金，基本是实付价（券后价）× 佣金比例。

3. 带货商品的选择技巧

在选品方向，"悬赏计划"的商品库会不定期更新，UP 主可以随时关注。但总体的选品原则有以下四点。

（1）选择与 UP 主内容调性一致的产品。如果是美食区的 UP 主，比如，在探店火锅的时候，挂火锅底料甚至凉茶的链接，就与购买场景更贴近。如果在 UP 主的 VLOG 中有喝咖啡的镜头，这时候上咖啡的链接，就更贴合购买场景。

（2）选择信得过的产品。毕竟决定"悬赏计划"收益的是最终的实际转化率，所以盲目地挂不适合和不信任的产品，很难形成销售，还不如不挂。如果一个产品，连 UP 主自己都认为没有购买的理由，那更不应该把产品推荐给自己的粉丝。

UP 主要站在消费者的立场去评估产品是否值得购买，品牌因素要首先考虑，是否有背书，是否可信赖也要考虑到，此前的销量和风评如何，要尽可能地调查清楚。

（1）选择 UP 主认为有需求的产品。需求是指这个产品绑定的视频或者引导语是否能唤起消费者的购买欲，是否能激发他们联想到这个产品的需求场景。

（2）选择 UP 主认为值得买的产品。价格因素也是当下用户很关注的购买理由，一定要看产品当前链接的价格，是否有足够的折扣吸引力。选择角标带有"券"的商品，尽量能给粉丝争取福利——粉丝点击页面会出现领取优惠券。

4. 商品橱窗的布置

选中商品后，UP 主可以把商品挂在视频、动态、专栏，或者主页的"商品橱窗"。

商品橱窗就是展示在 UP 主个人主页的"店铺"。

目前,商品橱窗只能通过手机端配置,点击手机端"我的"—"推荐服务"—"商业服务"—"橱窗带货",并选择"在个人空间展示橱窗"。

商业服务

点击"添加商品"—"确定",就可以上架商品,上架后商品就自动展示在橱窗了。

如果需要下架,点击"橱窗管理"—"商品"—"下架商品",就可以下架了。

5. 带货视频的设置

设置带货视频,即把商品广告绑定在已发布视频中,操作如下。

(1)选择商品:点击"选中的商品"—"视频带货"。

(2)选择广告展示形式:浮层广告或弹幕广告。目前一共有四种广告展示形式:浮层广告、弹幕广告、动态插入带货链接、专栏插入带货链接。推荐使用浮层广告,因为相对来说,浮层广告更醒目,面积更大,弹出页还有小购物车角标,更符合消费习惯,能更好地引导点击。

（3）选择广告图片、撰写一句文案。广告图片由商家提供，大概会有 5 张左右的备选，从中选择 1 张即可；文案需要自行设置，在 12 字以内。注意这句广告文案一定要遵守广告法，不能用"最""第一"等描述，也不能涉及其他侵权问题，否则可能没办法上架。

（4）选择插入广告的视频，设置广告时间点。注意视频开始的前 13 秒不可以配置广告。每个广告的弹出时长是 1 ～ 15 秒，可以自动设置。一支视频最多可以挂 5 段不同的广告。

除了在视频中配置广告之外，UP 主也可以选择在动态或者是专栏文章中插入带货链接。

动态插入带货链接

动态插入带货链接：点开"写动态"，点"加号"图标，选择商品。

点击"淘宝联盟" / "我的橱窗"，选择带货商品。在动态中会直接生成可跳转链接，同时可以记录出货情况。

专栏插入带货链接：点开"专栏投稿"，点"加号"图标，选择"插入商品"。可以直接在专栏内生成带货卡片。

6. 广告分成计划是什么

广告分成计划，是过去站内"广告任务（互选广告）"升级的说法。点击"创作中心"—"创作实验室"—"广告分成"，进入页面。UP 主开通广告分成计划后，视频下方会匹配对应广告条，按广告点击量计算收入。

在互选广告测试阶段，UP 主可以自己选择广告，当时的后台广告任务中，主要还是课程获客类广告，比如剪辑、语言类课程。

以剪辑教学课的广告为例：广告图是 Pr 和 Ae（Adobe After Effects，Adobe 公司推出的一款图形视频处理软件）的图标，广告语是零基础也能学剪辑，学会剪辑在家兼职接单，0 元真香。突出易学、有未来利益、免费等亮点。

升级后的广告分成计划，使广告品类扩展到了食品饮料、手机游戏、电商平台、教育培训等二十余个热门品类。广告引导语简单直白，主要以 App 下载、客户信息获取为目的。

以某招聘 App 广告为例，引导语是"B 站大量招聘"，点开后是 B 站在某招聘 App 上的岗位，引导下载招聘 App。

开通广告分成计划，需要满足三个条件：已加入创作激励，近一个月内发布一支以上视频，近一个月原创、非广告视频总播放量大于等于 4 万。

7. "悬赏计划"的收益如何提现

悬赏计划的收益提现，主要是商品 CPS 佣金、展示广告点击计费。

一般商品会设置领券购买。我们举个例子说明：原价 100 元的牛奶，领券 10 元，佣金比例 20%，如何计算佣金？

100 元（原价）– 10 元（领券金额）= 90 元（实付金额）90 元（实付金额）× 20%（佣金比）= 18 元（未抽成佣金）

商品类获得的分销佣金以确认收货为准，这个佣金也会涉及平台服务费。目前，个人 UP 主可以获得广告出价的 50%。如果是签约了 MCN 机构的 UP 主，MCN 机构可能获得广告出价的 60%，钱也会先转入 MCN 机构。当月收入约在次月 5 ~ 10 日打入"我的钱包"—"贝壳"。

8. 如何查看悬赏计划收入明细

在电脑端查看收入明细，点击"收益管理"—"悬赏计划"—"商业数据"。

商品中心的收入要点击淘宝客绑定的阿里后台。互选广告的收入在 B 站站内就可以查看当月和上月收入。

9. 为什么有的视频挂不上悬赏计划

视频是有悬挂时效的，商品中心能挂上发布 180 天以内的视频。

广告任务，能挂发布 30 天以内的视频。在视频发布的时候就含有商业内容的稿件，不可以挂悬赏计划中的广告任务。

六、B 站生态下的其他获利形式

除了前面提到的商业获利形式，B 站生态还有哪些商业转化的可能性？

其实长期以来，在各个内容平台，普遍困扰创作者的一点，就是主要收入过于依赖广告主的投放。对于大部分个人创作者来说，在没有团队的情况下，很难找到另一条适合的商业转化道路。因为所谓的平台补贴也好，流量分成也好，都不足以支撑创作者全职去做内容。

大部分创作者收入的大头都是商单收入。

这里的商单指的是广告主的定制视频诉求。对于头部账号来说，一条定制广告视频可以报价上万元、甚至几十万元。

除了一口价直接付广告费，还有一种结算形式是佣金结算，就是按实际成交量结算广告费。

分销模式在微博、微信时代就出现了，但除了少数人确实通过跑通分销赚到钱了，但更多账号都是白发了广告，实际成交少得可怜，所以后期很多账号都不愿意再接分销合作了。

随着 2020 年直播带货的兴起，分销模式又演变成了另一种形态——主播带货。大家此时又发现，在直播带货的逻辑中，很多主播是可以通过分销佣金赚到钱的。

1. 直播带货

2020 年 5 月 30 日晚 8 点，2019 年、2020 年 B 站百大 UP 主 Zettaranc（Z 哥）签约 B 站直播后首度开播。

此前哔哩哔哩直播官方号发布了官宣海报，并发布了话题 #Z 哥国货狂欢节 #。匹克整合营销部总监、李宁鞋产品设计总监、361 度集团副总裁现身直播间，并担任抽奖嘉宾，送出了千双球鞋、几十台手机。当时直播间人流峰值达到 700 多万，大航海（舰长人数）达到了 5 452 位。

2. 知识付费

点击手机端"我的"—"推荐服务"—"我的课程"，可以进入 B 站课堂专区。B 站课堂专区有学科通识、硬核技能、语言学习、考研、公考、兴趣生活、初高中、大学等课程模块。

目前，已经有一部分知识区学者、讲师在 B 站课堂专区开课，如《罗翔：刑法悖论十讲》，原价 99B 币，券后 49.6B 币，试看播放量超过 500 万，付费播放量最高 9 万。B 站课堂专区还有英语、日语、韩语、法语课程，券后价 50～400B 币不等，也有插花、篮球、科学养猫、尤克里里、香水等兴趣课。

B 站课堂专区的课程是可以申请合作的，以个人或者机构名义申请都可以。申请的时候需要准备讲师背景、拟合作课程类型和课程介绍等信息。

目前，B 站上的大部分课程都有试看视频，试看视频的播放量很多都超过了几百万，但需要付费才能观看的部分，播放量大概是一两万、几千至几百不等。此前 B 站也上线过站内活动，招募类似"课程分享官"的角色，分销推广知识付费视频。

如今来看，B 站在知识付费和直播带货两块儿都还没开始发力，而这两部分业务在其他平台已经被证明能够跑通。

第三节 "恰饭"的正确步骤

很高兴各位读者看到了这一节，看到了大部分 UP 主收入最高的这个板块。本节我们将详细讲述来自品牌方的广告商单合作视频。

在 B 站，UP 主接广告被称为"恰饭"。

B 站曾经对植入广告、引流外部平台采取限流、锁定等措施，粉丝也一度不认可"恰饭"行为。但最近两年，随着平台方对广告态度的开放，UP 主的广告内容质量的提升，粉丝也开始理解并接受"恰饭"。

遇到了喜欢的 UP 主接到广告，弹幕里还会飘过"恭喜'恰饭'""已经下单一亿件"等支持话语。如果 UP 主推荐口红等非食用产品，弹幕里会飘过"用热水泡泡就化了，孩子很喜欢吃"，这种玩笑式调侃。

B 站对于 UP 主的重视程度很高，因为 UP 主的可复制性相对其他平台更弱。粉丝喜欢 UP 主，大概率是喜欢这个人，一模一样的内容，换个人讲，很可能关注者就寥寥无几。

对于内容平台来说，生存命脉是流量，而获得流量的根本方式还是给用户提供优质内容。所以留住优质创作者，就成了最让平台运营者头疼的事情。只靠"用爱发电"，是很难持续产生优质内容的。

一、为什么 B 站开始鼓励 UP 主"恰饭"

我们依然站在平台的角度，来看看 UP 主们"恰到饭"这件事情对于 B 站整个平台的发展来说究竟意味着什么？

先来看 B 站目前的营收和收入来源。

在 2020 年第四季度财报显示，B 站游戏收入 11.3 亿元，首次掉落榜首，在四大营收板块中位居第二。增值服务收入 12.5 亿元，位居第一。关于这里的增值服务，B 站官方的解释是高级会员收入、直播收入等。电商及其他业务收入 7.4 亿元，广告收入 7.2 亿元。

而对比上一季度 2020 年第三季度财报，当时平台的主营业务按收入大小排列依次为：移动游戏、直播及增值业务（主播分成、大会员）、广告（B 站信息流广告）、电商及其他（会员购）。

B 站 COO 李旎表示，2020 年第四季度前五大广告主行业还是游戏、食品饮料、电商、护肤美妆、3C 产品。当然这些广告是指企业对于平台的投放，而不是对 UP 主的投放。

鼓励 UP 主接广告，对于平台和创作者来说其实是双赢的事情。

在 B 站加大商业化力度的背景下，2020 年创作推广功能（用于 UP 主非广告视频推广）、花火商单（B 站广告接单平台）、商业推广功能（用于花火商单视频推广）陆续内测上线。

2018 年 1 月 22 日，B 站的"商业推广信息录入功能"，就是我们常说的"广告报备"上线试运营，UP 主发广告视频需要在网页端录入广告品牌信息。而更早之前，2017 年 4 月，B 站上线过绿洲计划，推动广告主和 UP 主商单合作。

站在创作者角度，只有让 UP 主在平台上获得更好的收益，才能激励他投入更多的精力，甚至未来成为全职 UP 主，长期为平台提供更多优质作品，替平台留住更多用户。

站在平台方角度，繁荣平台商业生态，更有利于推动 B 站自己的营收。

截至目前，UP 主发布含广告的视频，有两种操作方式：第一种是广告报备，第二种是花火平台接单。

二、广告报备

直接采用报备的形式发布广告是此前 UP 主选择最多的广告操作形式。

1. 广告报备的限制

报备的意思就是，在发布视频时，告诉 B 站平台方这支视频里含有广告。

含有广告的视频，即使是原创，也不会获得创作激励，更不可以用"创作推广"推广。除了这些限制之外，含有广告的视频与不含有广告的视频没有区别，特别是在显示上。根据 B 站官方的说明，走正规报备流程的广告，是不会被限流。

据与 UP 主沟通的情况来看，他们此前也有很多走报备、含广告的视频，播放量高于此前平均播放水平。

报备需要通过网页版发布，填写视频信息时，在商业声明处选择含商业推广信息。

报备页面图

2. 广告报备流程

首先选择广告分类。广告分类有：手机游戏、主机游戏、网页游戏、PC
单机游戏、PC 网络游戏、软件应用、日用品化妆品、服装鞋帽、箱包饰品、
食品饮料、出版传媒、电脑硬件、其他类等。

然后填写具体推广品牌。

最后选择推广形式。推广形式有：定制软广、节目赞助、Slogan（口号）、
二维码、Logo、TVC（Television Commercial，电视广告片）植入、字幕推广、
口播、其他、贴片等。

注意，要根据广告客户需求填写。在之后的内容中，我们将具体说说还
有哪些广告形式，以及如何撰写广告脚本。

三、花火平台接单

除了广告报备接单外，第二种接单形式，也是目前 B 站鼓励的形式，就
是通过 B 站官方广告平台"花火"接单。

1. 如何开通花火计划

点击"创作中心"—"收益管理"—"花火商单"，即可进入花火平台。

开通花火商单权限需要同时满足四个条件：粉丝量在 1 万以上；完成 B
站实名认证并且年满 18 岁；最近 30 天内成功发布过原创视频；已经开通电
磁力大于等于 LV5，信用分大于等于 60 分。

电磁力是 B 站对 UP 主创作力、影响力、信用的考察，可以通过"创作
中心"—"收益管理"—"创作激励"查看具体分数。

2. 花火接单执行流程

2020 年 7 月 7 日，在经过一段时间的内测后，花火商单平台正式开放。

虽然花火商单平台已经正式开放，但大部分品牌方或者代理商，还是倾向于私信 UP 主加微信，沟通完合作细节和费用后，再用花火商单平台完成最后的执行。

花火接单具体执行流程如下。

（1）客户（代理商）通过花火后台下单，UP 主可以直接在电脑端花火商单页面接单，或者通过手机端"哔哩哔哩商业动态"的私信，进入接单页面。

（2）客户（代理商）预付款后，UP 主会收到上传脚本（终稿）提示。

（3）商单审核通过后，会收到待上线提示。如果没有通过审核，可以与品牌方或者代理商沟通修改，下单方一般会有 B 站官方工作人员的沟通渠道，会给出修改意见。

（4）视频上线后，会收到上线通知。

（5）大约 3 天后，会收到订单完成通知。

花火商单最好是通过网页版本上传，上传时选择花火商单，勾选当期订单即可，上线时间由客户（代理商）设定，所以双方需要提前沟通好发布时间。

3. 花火商单的常见问题

（1）广告报价填多少合适

UP 主可以自己设置广告报价，广告报价分为植入视频报价和定制视频报价两个维度。填写报价时平台会根据分区、粉丝数、播放量等维度给出建议参考价，但并不干涉 UP 主报价。

（2）广告价格多久可以修改一次

定制（植入价格），每个月 1 日可以修改一次，可以上下浮动，修改报价前的商单合作不受影响。

（3）走花火商单的广告，会扣除手续费吗

截至 2021 年 2 月，UP 主填写的广告报价就是到手收入。如果 UP 主选择服务商，会扣除 10% 的手续费；如果是品牌方直接下单，由品牌方承担一定的手续费。

（4）多久能收到钱，通过什么形式结算

UP 主可以在结算设置中填写银行账户收款信息，如果没有签约 MCN 机构，钱直接打到收款账户中；如果签约了 MCN，钱打到 MCN 账户中，UP 主与 MCN 结算。

花火账期一般是一个月左右，当月发布视频，最晚于下个月月底打款。

四、如何让你的广告更值钱

很多新人 UP 主不知道如何设置合理报价，其实广告报价不完全由粉丝数决定。

UP 主广告的商业价值，主要受以下几方面因素影响。

（1）B 站整体流量、注册用户的增长。

（2）UP 视频投递分区、频道。

（3）内容调性："人设"气质、过往经历、往期视频相关话题。

（4）UP 主数据：粉丝总数、近期视频播放量、播放量稳定性。

（5）粉丝互动数据：评论数、弹幕数、点赞数、收藏数、硬币数。

（6）此前是否结果同类广告、合作投放转化数据。

如果 UP 主长期接不到广告，可能是往期视频和广告品牌相关度太弱。另外，一般来说，其他条件相同时，真人出镜的账号广告报价会略高一些。

五、哪些因素会影响广告定价

下面我们深入解读一下影响 UP 主广告定价的因素。

1. B 站各个分区 UP 主的广告情况

我们先来看看各个分区 UP 主广告情况。

时尚区、生活区广告总数相对多一些，UP 主基本都是真人出镜，视频测评体验感很强，"种草"更容易，广告价格也偏高。尤其是时尚美妆类，广告市场非常大。

游戏区大多是贴片广告，硬广植入，广告主主要是游戏客户。

舞蹈区也是 B 站老区，有很多出色的舞蹈类 UP 主。这些 UP 主看似可以接时尚美妆广告，但舞蹈 UP 主的粉丝男女比例中，男性更多，投放受众并不匹配，商业转化获利形式主要还是硬广和付费线下活动。

知识区拆分成科学科普、社科人文、校园学习、职业职场、财经、野生技术协会，大量知识付费产品、学习类 App、教育产品广告开始在知识区进行垂直投放。

数码区非常垂直，数码产品匹配度很高，但广告类型反而会因此受限。

2. 品牌类广告和转化类广告投放转化比

市面上的广告主要分为品牌类广告和转化类广告，不同类别的广告定价也不同。

品牌类广告的诉求主要是正面传播、解读，品牌方会重点考虑播放量、UP 主内容解读能力、账号定位。

转化类广告，顾名思义，就是以转化效果为导向。比如，App 类需要跳转注册链接、回收注册信息，最好有付费行为；商品类需要监测售卖结果。

为了方便统计投入产出比，行业里会用投放转化比计算投放是否合适，投放转化比 = 销售额 / 广告费。

举一个例子：

小明是 10 万粉丝的 UP 主，视频近期播放量约 5 万，接了一单广告报价 5 000 元，最后商品成交了 10 000 元的销售额。小明这个广告的转化比是 10 000 元（销售额）/5 000 元（广告费）= 2。

小红是 5 万粉丝的 UP 主，视频近期播放量约 1 万，接了一单广告报价 2 000 元，最终卖出了 6 000 元的货。小红这个广告的转化比是 6 000 元（销售额）/

2 000 元（广告费）= 3。

从品牌传播的维度考虑，小明更符合传播量需求；从效果转化的角度考虑，投放小红更符合转化要求。

六、平台限流与"恰烂饭"

1. 什么样的广告会被平台限流

广告视频被限流是 UP 主和客户都不愿意看到的情况，就目前来看，避免被平台限流还是比较容易实现的。

根据 B 站官方的说法，如果视频中含有广告，需要通过花火平台下单执行，或者 UP 主在网页端上传视频，并填写"广告报备"信息，完成报备后，视频都会按照正常情况推荐。

无论是走花火商单还是自行报备，内容播放量其实还是由视频选题、内容、用户互动数据等决定的。含有广告的视频依然可以出爆款，并且 B 站现在也非常希望见到这样的优秀广告案例。

很多人会猜测 B 站的未来可能是什么，这个未来形态，对 UP 主来说非常重要。因为如果把每一位 UP 主的内容看成一档节目，整体流量足够大，"本节目由 ××× 特约赞助播出"，一句话也很值钱。

B 站有一鲜明的特色，就是很多 UP 主的内容定位并不唯一，这就导致受众画像没有那么精准。在公众号时代，垂直高净值受众价值可以比泛粉高10 倍。比如，保险、母婴、幼教、理财等，定位垂直且唯一。但在 B 站，游戏解说 UP 主也会分享生活日常，生活区 UP 主也会分享理财心得，定位相对广使得其广告策略也相对宽松。

2. 什么样的广告会被认为"恰烂饭"

什么样的广告会被认为"恰烂饭"？如何平衡粉丝和客户需求？B 站用

户更容易接受"是的，我'恰饭'了"的硬广告，而不是遮遮掩掩、"植入无痕"的软广告。

明明是刚拿到样品，却说自己已经用了半年了，如果被发现，不仅会损害 UP 主信誉，还会让粉丝伤心进而脱粉。

粉丝更希望看到的是 UP 主系统介绍这个产品的优点，并且最好能提供一些福利。

广告客户的需求无外乎是品牌曝光、品牌正面认知、实际获客、引导消费，甚至只要能完成任何一个维度的指标，都算完成了公司的业绩指标。

广告客户、UP 主、粉丝，其实是这三方共同完成了一场"恰饭"，按最理想的状态，广告客户完成了宣传、UP 主获得了创作收益、粉丝得到了让利实惠，是一场三方共赢的事情，没有任何一方需要站在另一方的对立面上。

七、做用心的"恰饭"视频

既然要"恰饭"，就要摆正姿态，做用心的"恰饭"视频。

目前，B 站视频广告主要有植入和订制两种形式，对应两种报价。一般来说，广告客户都会要求提前看一下视频脚本，当然在确定合作后，客户也会给出比较明确的合作要求。订制视频从主题、大纲到脚本文案，都需要与客户进行深度沟通；植入视频只需要沟通主题和植入部分。

在很多播放量很高的广告视频中，网友会在弹幕区表示，"恰饭"视频感觉比平时还要用心。B 站用户不是不能接受广告，而是不能接受不走心、尬夸产品的广告。

以订制视频广告脚本为例，UP 主制作，发布广告视频，要有以下几步。

（1）充分了解产品，翻译通俗卖点

在拿到客户的需求后，UP 主要先对客户公司和产品调研。客户会提供产品的一些卖点，但这些卖点可能是很硬的广告语，需要 UP 主把卖点"翻译"成更容易被粉丝理解的场景和自己的感受。

（2）找到粉丝更感兴趣的主题

在充分了解产品和卖点后，UP主需要设定一个粉丝感兴趣的视频主题——对这个主题感兴趣的受众也是产品对应的受众。

（3）先把视频看成是完整作品，再设置插入点

即使是含有广告的视频，也是UP主的完整作品，所以该有的干货点、该设置的趣味点，都要只多不少。

（4）产品讲解部分通俗易懂，要讲粉丝需要的内容

在产品讲解部分，我们要先确定粉丝需要哪些产品信息。一般来说，有三点可能是粉丝关注最多的：首先，这个产品是什么、怎么用？第二，它能给生活带来哪些提升或者它吃、用、穿、涂起来体验和效果如何？第三，最近有哪些福利（折扣）？

（5）与客户事先沟通，减少不必要的成本

B站视频相对较长，对视频的逻辑完整性要求较高，所以大纲、脚本、视频修改成本也相对较高。所以，在操作每一步之前，建议与客户方进行沟通。尤其是在拍摄之前，文字改动相对容易一些，一定要把脚本确认好。如果脚本是逐字稿并且对重要画面有注释说明，跟客户确认后，在视频拍摄剪辑时，就不会出现大改的情况。

（6）发布后注重与粉丝的互动

每次视频"恰饭"后，UP主就要关注评论区和弹幕的粉丝反馈。粉丝如果对产品感兴趣，问了UP主不了解的问题，要及时找客户方来评论区回复。

如果粉丝对于"恰饭"形式或者是内容设置上有建议，也要用心记录，下次提升。

第四章
数据分析与规避风险

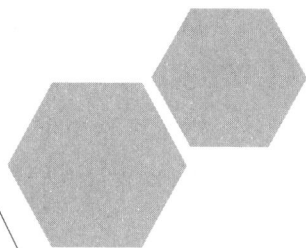

很高兴你能看到这里，此时，作为 UP 主的你，已经连续发布了几期视频，并获得了不错的数据反馈。有哪些特别值得关注的视频数据？如何根据视频数据调整后续视频内容？这是本章的重点内容。

我们一起进入本章。

第一节　数据分析与复盘

一、数据分析的重要性：UP 主的前置摄像头

打个比方，其实很多创作者刚开始录制视频时，对镜头下的自己，是非常陌生的。

现在闭上眼，回想一下自己的模样，你能想得很清晰吗？会不会突然觉的，脑海中那个的模样并不像自己？

接着睁开眼，再问问身边的朋友，看看他们怎么描述你在他们心中的样子。估计大多数朋友都会挑你的优点来说，如，长得很白、瓜子脸、睫毛很长，听完这些描述后，其实你依然不知道自己到底是什么样子的。

想知道自己真实的模样，只有拜托朋友打开后置摄像头，站在他的视角，随意抓取几张你的照片。他拍的照片，才是你最真实的模样。

1. 为什么要进行数据分析

当你已经上传了一定数量的视频，播放量有了一些提升，在一些粉丝认可并喜欢你的视频后，进行一定的数据分析，就是站在旁观者的视角，给视频作品来一张旁观者拍的照片。

数据分析就是 UP 主视频的后置摄像头，无美颜，真实到有点残酷。

接下来我们一起思考一些问题：

（1）你对自己的定位是什么？

（2）你的视频选题范围是什么？接下来打算创作哪三类选题？

（3）往期视频中，哪支视频为你带来了最高的播放量？

（4）你的粉丝为什么会关注你？

思考完这些问题，进一步思考：

（1）你的视频在哪个分区、哪些频道的数据反馈最佳？

（2）过往此类选题的数据是否有达到你的预期？

（3）这支爆款视频成功的原因是什么？接下来为什么没有持续创作同类视频？

（4）在粉丝心中，你是怎样的人？他们最欣赏、最认可你的哪项或哪些特点？

前面四个问题，可能很多 UP 主都思考过，但后面四个问题，也许大部分 UP 主都没有考虑过，大部分 UP 主对自己的视频没有进行严格的复盘和数据回溯。

当然，最能回答这些问题的，并不是 UP 主本人，而是数据中心反馈出来的数据。

如果希望自己的视频被更多人看到，帮助到更多人，UP 主不应该只做自己认为对的内容，而是应该关注用户到底对什么感兴趣。

做好数据分析，有助于帮助 UP 主培养选题敏感度、优化文案爆点。

我们想要知道，用户会在视频的哪一个时间段大量流失，这个时间段的视频是哪一点让观众感到没有获得感，进而选择退出。我们想知道，为什么各方面数据表现都非常不错的视频——播放量非常高，完播率也很高，点赞收藏甚至投币都很高，但是转化的粉丝寥寥无几。这些问题都能在数据分析中找到答案。

2. 五步优化视频数据

第一步，优化标签。

从平台角度来说，用户看到这支视频前，其实还有一步，是平台根据标签判断视频的相关度，根据相关度推荐给目标受众。如何让这支视频被平台精准推荐？如何判断、锁定合理标签？就成了这一步的重点。

第二步，优化点击率。

你的视频将与其他 5 支视频进入竞赛。大部分用户的首页推荐页，一屏能完整展示 6 支视频，为什么用户要从这 6 支视频中选中你的视频？我们要进一步分析点击率高的视频，知道什么样的封面、标题更能吸引用户点击。

第三步，提升完播率。

点开视频后，B 站的网友能给出的耐心比其他视频平台要更长一点——30 秒。

抖音用户给一支陌生视频的耐心只有 3 秒，但 B 站用户可以给一支陌生视频长达 30 秒的耐心。所以很多抖音视频创作者是没有时间做自我介绍的，但 B 站 UP 主会舍得花 5 到 10 秒，在每支视频开头处进行自我介绍。

在 30 秒之后，可能会流失 80% 的用户，不过看完 30 秒依然没退出的用户，后续退出也会比较平缓。所以，分析 B 站数据，如何抓住观众前 30 秒的留存率非常重要。

第四步，提升互动率。

B 站的用户互动行为包括态度型、观点型、价值型、讨论型。态度型是点赞、投币；观点型是弹幕、评论；价值型是收藏；讨论型是分享。

态度型互动中，点赞更多的是表现了用户对视频的喜欢，可能是因为视频很有意思而点赞，也可能是为视频中的某句话而点赞。投币，准确一点来说，是表达了用户对于 UP 主本人的支持和感谢，用户会因为感受到 UP 主创作的心意而投币。

观点型互动中，目前来看，B 站是各平台相同播放量下最活跃的。

在各项互动数据中，B 站分享数是相对较低的，这可能与 B 站用户并没有形成平台内社交圈有关。如果要分享，也基本是分享到 B 站之外的平台。

能有分享，说明视频有足够的话题讨论度，或者用户认为有人需要这支视频。

第五步，完成关注。

引发用户对 UP 主的好奇，点击其他视频，进而完成关注。

而为了获取进一步的数据，之后我们要进行复盘。

3. 数据分析的逻辑

数据分析的逻辑，从怎么样让平台可以准确地把视频推荐给目标用户，到让用户点开视频，再到让用户能够看久一点，最后能够用户愿意互动并付诸行动。这个互动的表现可以是点赞、收藏、投币，也可以是评论、弹幕。互动最能反映用户看到单支视频的直接感受。

在弹幕数据的精细分析中，UP 主可以分析哪个文案点或者画面点是形成用户弹幕疯狂爆发的节点；也可以通过几次测试，看看不同的互动设问，哪个更能诱发用户的讨论意愿。

弹幕更倾向于在视频文案中设置伏笔；但评论区活跃度，主要来自选题话题本身，此外还有热门评论引发的活跃互动。

在结束了单支视频的优化后，要回顾视频中自己是否表现出了足够的人格魅力，是否展现了让用户点开主页的吸引力。另外，还要看哪支视频转化的粉丝相对较高，这支视频做对了什么？

视频发布成功，并不代表 UP 主这一期的工作就此结束了，恰恰相反，这一期视频发布结束，UP 主要做的工作才刚刚开始。要给用户爱看的视频，而不是自娱自乐的视频。什么样的视频是用户需要的，必须要通过数据分析才能得出结论。

二、有哪些数据值得重点关注

视频的相关数据出炉了，怎样分析单支视频数据，有哪些数据值得重点关注，创作者要心中有数。

1. 如何进行单个稿件的数据分析

查看单支视频数据的步骤："创作中心"—"内容管理"—"稿件管理"，点击单支视频编辑旁的"数据"。

查看单支视频数据

（1）互动分析

下面是互动分析页面图，这个页面主要是三个核心数据：互动总量 + 平均播放时长、弹幕热点区域分布、观众离开趋势。

互动页面

平均播放时长要与视频长度相对比，进而可以预估每支视频的播放完成度。

下面这张图是弹幕热点区域分布和用户离开趋势图。灰色柱主要是弹幕

157

热点区域，哪里的柱长，哪里的弹幕数就更多，以 30 秒为一个节点。创作者可以把鼠标移到灰色柱状图上，查看具体的弹幕数。

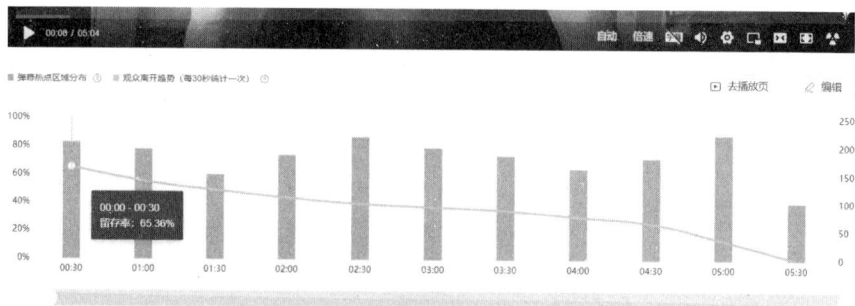

弹幕热点区域分布和用户离开趋势

穿过柱状图的曲线是观众离开趋势，也是以 30 秒为一个节点，代表视频在不同时段的留存率。

上文中我们提到，对于 B 站视频来说，30 秒是一个重要的分界线，30 秒后的曲线应该是相对平缓的下降趋势。如果 30 秒之后用户的离开率还是非常高，那可能是因为视频的开头过于冗长，或者是封面与视频让用户觉得反差太大。

同时，数据表上面就是视频，UP 主可以一边查看弹幕情况和观众离开趋势，一边对比原视频的时间点，进行同步分析。

点开第二页的流量分析，这里主要显示的是单支视频的流量来源，由播放分布、播放来源、地区分布三个维度构成。

流量分析

以上图单支视频流量来源分析为例，移动端用户占比达到了98%——与我们的感觉一致，目前大部分用户也是倾向用手机看 UP 主的视频。

虽然曾经有人拿 B 站与优爱腾（优酷、爱奇艺、腾讯）相对比，但很显然在用户观看习惯上，B 站与优爱腾这些"节目"属性比较强的平台并没有很多的相似之处。

用户在电脑上观看视频，可能是希望获得更好的屏幕体验，而且从完整性来看，在优爱腾上，用户是在看一个完整的故事，所以在一般情况下是会坚持看完的。

如果观众在腾讯视频上点开一个电影、点开一个电视剧，甚至是点开综艺节目都有可能拿出笔记本电脑，再拿出零食，调到最舒服的视角，高高兴兴看完，中间也不会动一下鼠标。

B 站上也有纪录片、电影、电视剧、综艺，这些制作上更具"节目"形态的内容，也会有很多用户在电脑端观看。但总体来说，B 站的内容还是更偏向轻分享，UP 主聚集的其他分区，在观看场景上，大部分 UP 主的视频，都不是可以在电脑上打开，不是边看边吃零食，持续观看40分钟的节目形态。

在看 UP 主视频的过程中，用户参与互动的频率非常高，手机显然更利于互动。用户随机点进去一支10分钟的视频，但可能只观看2分钟就退出了；也可能在看的过程中，不断在弹幕和评论区表达自己的看法。

此外，在 UP 主有上传权限的视频分区中，视频像素、画面清晰度有限，手机观看刚刚好，如果再放到大一点的屏幕上来看的话，就显得不够清晰了。

（2）播放人群

对单支视频数据分析的第二块儿是播放人群。下图案例的粉丝占比是69%，游客占比是31%。

从播放人群数据，我们可以推测出单支视频的粉丝点开率。

第一步，要算出粉丝产生的播放绝

播放人群 ⑦

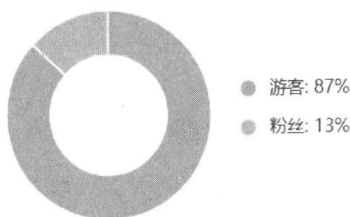

● 游客: 87%
● 粉丝: 13%

播放人群占比

对值。比如，一支播放量 10 万的视频，粉丝观看占比 10%，粉丝观看量大概就是 1 万。一支播放量 1 万的视频，粉丝观看占比是 90%，那来自粉丝的观看量依然是约 1 万。

第二步，要计算播放视频的粉丝占据目前粉丝总数的比例是多少，（视频播放量 × 粉丝观看占比）/ 粉丝总数 = 单支视频粉丝打开率。

注意，这里只是当前视频的点开率，而点开率必须要横向对比——UP 主可以把自己往期视频的点开率计算后列表格统计。参照点开率最佳的视频，优化封面、标题、动态引导语。

在播放人群数据中，我们可以得到更多的信息：如果播放人群中，游客比例远远大于粉丝比例，其实是一件好事，说明这支视频得到了更多平台流量的推荐。UP 主可以据此复盘这支视频的投递分区、二级分区和频道、视频标签设置、动态标签设置，同类选题下次可以继续使用这些标签。

理论上看，播放量越高，能转化的粉丝数也越多，但因为 UP 主的其他历史视频播放量也在同步增长，所以没有办法精准推测出用户到底是因为哪支视频而转化为粉丝的。

（3）地区分布

第三块儿是地区分布，下图案例中广东地区粉丝观看最多。在此前的第三方数据报告中，B 站用户最集中的地区也是广东。

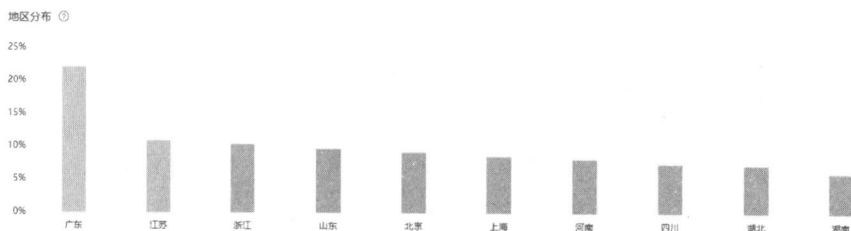

地区分布

2. 整体数据页面处理

在看过单支视频数据后，我们再来看一下整体数据页面：点击"创作中心"—"投稿管理"—"数据中心"。

在数据中心网页版，创作者可以看到：视频核心数据、增量数据趋势、来源稿件、播放终端占比、稿件播放量对比、稿件播放完成率对比、UP主在分区中新增播放量占比排行、游客画像、游客播放地区来源、游客观看分区倾向、游客喜欢观看的标签占比等数据。

（1）视频核心数据

视频核心数据主要包括八个：视频播放量、评论数、弹幕数、点赞数、分享数、硬币数、收藏数、充电数，显示的都是从视频发布至观看数据时的总数。

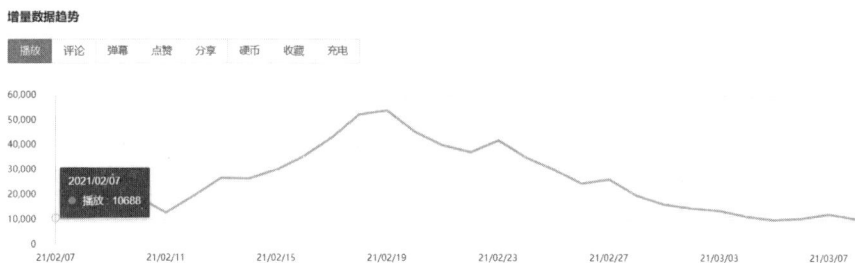

增量数据趋势

（2）增量数据趋势

在增量数据趋势中，UP主可以看到每天新增的播放量和互动数据总数——可以看到最近一个月内的数据。

（3）稿件播放完成率

稿件播放完成率是稿件平均播放时长（在单个稿件数据中可以看到）除以视频总时长。

此外，还有游客画像、游客播放地区来源、游客观看分区倾向、游客喜欢观看的标签占比。游客可以理解为观看视频后未关注UP主的用户数据。UP主可以据

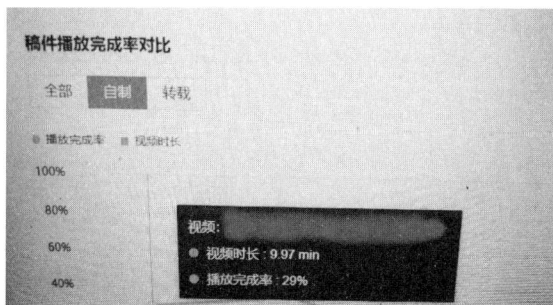

稿件播放完成率对比

此分析视频情况，进而找到提高转化率的方式。

上文说到，虽然无法准确检测具体是哪支视频转化了粉丝，但可以综合视频新增播放量和粉丝增长情况来看粉丝转化。

B 站的数据统计是每天 12 点更新，点击手机版"创作中心"—"创作首页"—"视频播放"，可以看到上一个统计日累计新增的视频播放量。

UP 主可以记录每日新增粉丝总数、每日新增视频播放量的来源。数据中心每个统计日会更新播放增长最多的 10 支视频。

据推测，视频在发布后 24 小时，会得到第一波相对较多的流量推荐。理论上来说，每个统计日中，播放量增长最多的，应该是 UP 主最近发布的视频，而紧随其后的视频增长是 UP 主最需要关注的。

很多游客也会为喜欢的视频点赞、投币、给 UP 主评论，但 B 站用户的关注门槛普遍更高，即使对单支视频给予了肯定，也会综合 UP 主整体内容决定是否关注。

UP 主最终被粉丝关注，其实需要相对较长的路径。首先要被平台推荐到用户页面（推荐页或者相关视频），用户根据标题和封面选择是否点击，点击后在 30 秒内选择是否继续观看，看完后是否会产生互动行为，是否会对 UP 主其他视频感兴趣并点入首页——这一系列选择中，都会产生用户流失。

所以，除了对视频选题的整体把控，对标题和封面的优化，UP 主更需要详细分析视频播放中用户流失的节点，并根据观看后的转化订阅用户和观看后离去用户的喜好进行综合评估，进而优化自己的选题和脚本。

第二节 规避违规风险

"无规矩不成方圆"，B站官方为了更好地维护平台的稳定有序，推出了一系列具体的规范和准则。这些规范和准则涉及的面比较广，尤其是在内容方面，有一些规范是必须严格执行的。

一、小黑屋和风纪委员会

B站分区中，有一个模块儿叫小黑屋，专门用来公示账号的违规行为，这里公示的违规记录，不会因为处罚结束而撤掉，会永久保留。

查询违规记录的方式是：网页版点击"主站"—"小黑屋"，手机版点击"分区"—"小黑屋"。

账号被处罚主要体现在六个维度：个人资料、投稿、标签、弹幕、评论、动态。

决定账号违规的评判方主要有两方面：一个是系统评判，即B站官方评判；另一个就是风纪委员会"众裁"，即社区用户投票评判。

B站风纪委员会制度是基于弹幕问题而推出的，就是对那些违反B站规定的用户进行举报、裁决。风纪委员会成员由B站会员构成，要成为风纪委员会成员，需要满足三个条件：会员等级大于等于LV4，90天没有违规记录，经过实名认证。要成为风纪委员除了要满足以上三个条件外，还要申请，申请成功后，风纪委员资格有效期为 30 天。

风纪委员会是 B 站社区共建中非常重要的一环，我们上文提到，2019 年 10 月，B 站公布过一次社区互动数，达到了惊人的 18 亿次，这样高的互动频率，每天产生的举报、投诉也不在少数，而且其中有很多是没办法通过机器系统判别的。风纪委员在一定程度上分担了部分平台管理员的工作，而且会让用户更有社区参与感。

UP 主也可以申请成为风纪委员，这样有助于 UP 主对平台规则、社区氛围更深入的了解。在申请成功后，可以通过"小黑屋"—"风纪委员会"，进入"众裁"页面。

大部分"众裁"案件来自被举报的弹幕和评论，如果被举报内容是弹幕，举报昵称会被匿名；如果被举报内容是评论，就会直接显示举报用户的昵称。

每个被举报内容的审核时间是 30 分钟，风纪委员可以给出违规、未违规、弃权三种答复。如果判定违规后会有建议封禁、建议删除两种处罚结果，风纪委员可以选择实名或者匿名发布评判结果。被举报事件"众裁"24 小时或者得票满 500 票会"结案"，但需要风纪委员判定违规的票数超过 60% 才能最终确定被举报内容违规。

二、处罚雷区

对于 UP 主来说，投稿时是有审核的，稿件如果被退回或者建议修改，也会在提示中明确修改方向，一般不会被处罚，但也要注意违规问题。

B 站对违规账号的处罚分为封禁 7 天、封禁 15 天、直接封停等。UP 主在投递稿件之前，要明确哪些可能会踩到雷区，尽量避免"踩雷"。

UP 主不能发布破坏社区公约的内容，也不能发布涉嫌违反我国法律法规的内容——色情内容、赌博诈骗、非法网站，不能利用技术漏洞破坏网络信息安全等。

在社区规定方面，还有以下几点需要特别注意。

1. 冒用原创、违规转载、抄袭素材、冒充他人

在投递的时候，UP 主需要标注稿件是原创还是转载。如果是转载稿件，滥用原创标志，很可能会被处罚。另外，转载未经授权或者创作者本人明确表示禁止转载的内容也会被处罚。

在 B 站上还有一个说法叫低创，低创其实就是非常粗糙的再创作内容，低创内容在社区约定中也不被认定为原创。

当然，作为 UP 主，在产出原创内容的时候，也一定要记得维护自己的权益。在视频投稿中打开水印按钮，添加自己的视频水印，同时投稿时也可以开启禁止转载声明。

UP 主电磁力达到 LV5，可以申请 B 站官方的版权保护，如果有第三方平台违规搬运，B 站会为 UP 主提供法律援助。查看电磁力方式："创作中心"—"创作首页"—"更多功能"—"创作实验室"—"电磁力"。

恶意冒充他人，主要是指被举报账号把信息改成其他 UP 主的信息或者其他知名人士、官方账号，并且以假冒身份与他人互动。

在小黑屋的违规公示案例中，有账号因为在投稿中恶意冒充他人，被永久封禁；有账号因为多次将转载稿件违规标注原创，被永久封禁；也有账号因为在个人资料里仿冒 B 站官方号"动态福利姬"，被封禁了 7 天。

2. 内容存在暴力、危害性

对存在暴力、危害性内容的定义，B 站官方的解释为，有意煽动暴力，怂恿他人参与或向他人展示可能会造成人身伤害，导致死亡的危险。

3. "引战"、人身攻击、怂恿教唆、侵犯隐私

其实很少有投稿会因"引战"被公示处罚，大部分稿件内容本身存在争议的，都会在投稿环节审核时被发现，官方已经做了退回或者锁定处理了。

关于这一条目的处罚，基本都是出现在互动或者动态中。在小黑屋公示

的案例中，有账号因为在评论中发布"引战"言论，被永久封禁。

4. 垃圾广告

有账号因为在评论区、弹幕、动态中发布垃圾广告、加微信引流广告，被永久封禁。

5. 恶意使用标签

UP 主在 B 站上给视频添加标签，是可以自定义的，也就是说，除了现有的频道之外，UP 主完全可以根据视频内容自己设定关键词标签。

据不完全统计，B 站上目前已经有 1 000 万个不同的视频标签了。在基于标签被处罚的公示账号中，可以发现处罚的原因主要还是标签内容不合规。

在小黑屋处罚公示中，有账号在标签中添加"引战"信息，被封号 15 天；也有账号在标签中自己添加"编辑推荐"，被封号 7 天。

6. 动态抽奖违规

动态抽奖的开通入口在"创作实验室"—"互动抽奖"，只有电磁力达到了一定程度的 UP 主才可以开通——创作力和影响力都达到 80 分。很多拿到了 10 万粉丝奖牌的 UP 主，依然没能达到这个要求。

互动抽奖功能每个月只能使用一次。在开始抽奖后，UP 主不能删除动态，也不能单方面终止抽奖。抽奖的礼品不能违反社区约定，而且要如实按照抽奖规则发放奖品。

在 B 站的小黑屋中，有公示过相关违规案例：UP 主把互动抽奖的礼品设置为手机，但只给用户发了手机壳，被处罚封禁账号 15 天。

三、申诉流程

B 站花费了很大的人员成本在用户、UP 主沟通上。相比于其他内容平台，

B 站的客服反应是比较快的，回复也比较细致。

在账号被处罚后，号主可以第一时间与客服沟通，咨询具体处罚原因和申诉渠道。

如果是单支视频违规，B 站倾向于直接做稿件退回处理，而不是一上来就处罚账号。在稿件内容存在争议时，也会采取先锁定，而不是直接删除。

在收到稿件退回信息后，如果创作者认为稿件并无不妥，可以直接在稿件管理中进行申诉，被退回的稿件有 15 天的申诉期。不要既不申诉，也不修改，只反复重新提交投递。这样稿件可能从退回修改状态直接变成锁定状态。

在提交申诉后，一般会在 7 个自然日内收到回复，如果没有收到回复，需要再次提交申诉或者补充说明，不然申诉通道可能会被关闭。

四、UP 主心态建设

在 B 站的社区管理约定中，可以看到，对"引战"、人身攻击的处罚规定被放到了非常醒目的位置。良好活跃的社区氛围是 B 站区别于其他视频平台的一大重要特色，所以 B 站会为了保护这份和谐良好的社区氛围而付出很大努力。

在大幅度降低了答题难度之后，B 站依然在答题区留下了 20 道关于弹幕礼仪等社区互动规范性质的问题，让新注册人员牢记约定，即使如此，很多 UP 主依然会收到恶意评论。

很多"小破站老用户"提到社区氛围的变化，认为这与 B 站出圈有关，在社区进入门槛放低后，在二次元网站变成"Z 世代"平台后，B 站用户也从原本的小众共同爱好者，扩充为观点不同、喜好不同的泛网友，自然也会出现异常评论。

与抖音相比，B 站并不是一个重算法平台；与微信公众号相比，B 站并不是基于社交传播的平台——这就意味着，用户看到的视频，并不一定是他们所希望看到的内容。

很多 UP 主都遇到过恶意评论，恶意评论不同于观点对立、就事论事，它是人身攻击或者是无关的恶意攻击。

其实不只是 UP 主会遇到恶意评论与人身攻击，其他平台上的运营者也会遇到这种问题。成熟的 MCN 机构、主播机构，会对旗下签约达人定期进行心理疏导。

第一次收到恶意攻击的时候，很多人的第一反应是委屈，"我"分享了自己的生活、分享了自己的观点，不求获得正面评价，但突然之间收到莫名其妙的辱骂，肯定会感到委屈。

直面不同意见的评价、正确对待恶意攻击，这是创作者都需要跨过的一道门槛。

关于就事论事的不同意见，很多 UP 主是乐于看到的，因为这代表观众是认真地看完了这支视频，而且给出了自己的看法。对于合理的观点，UP 主与不少观众都有和而不同的心态，UP 主甚至会在评论区与观众进行更精彩的讨论。

攻击性评论一般不会发在评论区，因为评论区会显示用户 ID，攻击者担心会被其他用户批评。大多攻击性评论会发在弹幕里，UP 主本人可以看到弹幕是谁发的，也可以看到这个弹幕发送者的主页信息，而其他的用户看不到发送者的账号信息。如果恶意评论确实上升到"引战"和人身攻击的程度，UP 主可以采用合规举报的方式处理，千万不要以暴制暴。

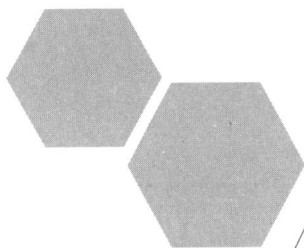

第五章
开始你的第一场直播

在 B 站，UP 主和主播曾经是相对独立的两种运营体系。但从 2020 年开始，很多原本只做直播的主播，开始录视频投稿到音乐区、舞蹈区，或者录制一些生活花絮、装扮心得发到生活区、时尚区。这也为主播沉淀下了一批视频作品，也开始尝试更多元化的广告合作。

很多原本只投稿视频的 UP 主，在 2020 年也开始尝试聊天直播或者直播分享等，开始与粉丝有了更直接的交流。

关于为什么要在 B 站上做直播、在 B 站直播的前景究竟如何、目前主播收益如何、决定入局直播后怎么精细化运营，我们将会在这一章展开讲述。

第一节　B站的直播投入和运营支持

很多 UP 主对于开直播这件事情持观望态度，这是可以理解的。评估一个业务是否值得尝试之前，还是要先看看对这块儿业务来说，平台到底是站在什么样的层面去布局的。

目前，直播业务究竟给 B 站带来了多大的收益？ B 站对于直播的投入和运营深度如何？这是许多 UP 主决定是否直播前必须考虑的问题。

让我们从过去发生的事情中，尝试推断未来发展的诸多可能性。

一、B站对于直播的投入与发展

时间回到 2020 年，2020 年年初公布的 2019 年 B 站 Q4 财报显示，当时 B 站的非游戏业务收入达到了 11.4 亿元，游戏业务收入是 8.7 亿元，这是第一次，B 站的"非游戏业务"超过了游戏业务。

非游戏业务包括什么呢？直播和增值服务占 5.7 亿元，应该算是一大版块儿。增值服务指大会员等收入，但要维持大会员收入的增长，其实是需要投入更高的成本去购买番剧、影视作品的版权。

如果直播收入发展成熟，度过了需要花重金签约主播的时期，熬过了用户流量增长瓶颈和做好打赏习惯培养后，对于平台来说，基本是纯抽成的模式。

二、签约新主播还是"原生"主播

在 B 站开启直播业务的 2014 年，冯提莫刚刚入驻斗鱼，最早她在游戏区直播，后来因为唱歌走红，并成为江湖传说中的"斗鱼一姐"。

2019 年 12 月，B 站独家签约冯提莫作为直播主播，网传签约费相当高。要知道，当时 B 站还没有出圈，股价只有 18 美元左右。签约冯提莫等主播的决定，被行业解读为 B 站在直播领域发力的决心证明。

经过一年多的发展，截至 2021 年 2 月，冯提莫在 B 站上拥有 270 万粉丝，2 月大航海人数大约是 1 120 人。"冯提莫"在 B 站上也是一个独立频道，目前有 3.9 万人订阅，相关视频 1.8 万支。但相比于当年"斗鱼一姐"，冯提莫的热度逐渐褪去。她自己账号在 B 站的视频日常播放量只有 10 万左右，在 2021 年春节期间的"好物开箱"类 VLOG 播放量只有 3 万。

而一位认证同为 B 站签约主播的 UP 主，虽然只有 26 万粉丝，发布了 8 支视频，但视频平均播放量高达 30 万。

这一数据让我们进一步思考，主播的粉丝黏性到底有没有他们原先设想得那么强？对于平台"原生"红人而言，粉丝是否会因为主播转移到另一个平台，而成为新平台的用户？

粉丝随主播迁移可能只有我们上文提到过的"1 000 个铁杆粉丝"能够做到，但对于绝大部分粉丝来说，是先成为平台的用户，然后再关注平台上的某位主播。比如，公众号粉丝来源，首先是来自微信，先是微信的用户，碰巧看到有朋友转发了一篇不错的文章，进而关注这个公众号。

对于 B 站粉丝而言，大部分用户是先知道的 B 站，对 B 站产生好奇、对 B 站上的内容产生好奇，经过答题后才成为注册用户的。

很少有人在一个平台里只关注一个账号，如果这个平台只是少了一个账号，用户大概率不会基于这个原因，而追随账号迁移到其他平台。所以，对于平台来说，与其花重金签约外部主播，不如扶持自己平台的"原生"主播。

可能正是基于这样的想法，2020 年 B 站进一步加大了鼓励直播的力度，主要从两方面增加直播内容：第一是鼓励视频 UP 主开直播，第二是扶持平台"原生素人"主播。

2020 年 11 月，B 站上线了"娱乐素人主播造星计划"活动，面向唱见（在视频网站投稿翻唱作品的业余歌手）、舞见（在视频网站投稿跳舞的业余舞者）、视频聊天区的开播主播。主播粉丝大于等于 500 人就可以报名，最主要的条件就是没有加入工会、没跟平台签约。

在 B 站上线的主播运营类活动中，获奖主播可以得到现金奖励和流量奖励，比如，得到开播推荐位等。

B 站的直播内容生态相比于其他平台更繁荣，比如，陪伴学习直播、虚拟直播、助眠直播、萌宠直播。2020 年年初，在家学习、办公期间，火过一阵子"直播学习"，确实帮助当时开播的 UP 主转化了大量粉丝。

作为内容提供者，UP 主有更多的选择空间，而不是只能直播游戏、唱歌娱乐。

目前，B 站的直播生态并不完美，主播虽然有流量，但转化获利太难了。正因如此，很多专业主播对于 B 站依然观望，成熟主播的观望，正好留给新人入局的时间和空间。

第二节　直播分区、收益和提现

B站的直播业务是在2014年开启的，在2016年直播平台的"千播大战"中，行业谈论的是斗鱼、虎牙、YY、映客，对于B站的关注度并不高。当时的直播还是以秀场直播、游戏直播为主。主播更多是以个人魅力获取粉丝的支持。

毕竟直播的核心在于主播，而主播在哪里，取决于哪里的收入更可观。

一、直播分类、分区、主播升级体系

1. B站直播的形式

目前，B站直播分区主要有三种形式：视频直播、录屏直播、语音直播。

视频直播细分为：娱乐、生活、学习、虚拟主播频道。

娱乐：视频唱见、户外、视频聊天、舞见、日常。

生活：影音馆、美食、萌宠、时尚。

学习：陪伴学习、绘画、科技科普、人文社科、职业技能。

虚拟主播：虚拟主播。

录屏直播细分为：手游、网游、单机游戏、学习。录屏直播主要是游戏类直播，细分标签以游戏名命名，如王者荣耀、阴阳师、FGO、绝地求生、英雄联盟、怪物猎人等。

语音直播细分为：唱见电台、聊天电台、配音。

创作者上传作品时，注意分区不要明显跟直播内容不符，否则按直播规定会被审核工作人员锁区。

在以上几类直播中，比较适合新人的是视频聊天、日常、陪伴学习、录屏直播游戏。

2. B 站主播的升级体系

B 站主播分为 1 ～ 40 级，等级提升主要依靠积分。随着积分提升可以解锁更多权限。

主播开播时积分为 0，级数是 1 级，升到 2 级需要 50 积分，积分主要来自粉丝打赏。

升到 10 级时，可以新增一张直播封面；升到 20 级时，可以进入播放器推荐，自定义背景、新增直播封面。

"电池"（即过去的"金瓜子"），主要来自粉丝充值打赏。银瓜子主要来自粉丝活跃度，需要打卡签到或者用 B 站的"硬币"兑换，下文中我们会详细说明。

B 站为直播设置的会员体系，叫"直播老爷"，分为"年费老爷"和"月费老爷"两种。跟大会员的权益不一样，大会员主要是追剧、看电影等权限，B 站年费会员、月费会员主要是直播道具和直播间特权。如主播选择等级禁言时，"直播老爷"不会被禁言；弹幕有特殊标记或者颜色（红色或蓝色）；进入直播间会有特别提示，购买即送 2 万（月费）个或 10 万（年费）个银瓜子。

除此之外，银瓜子的获取方式还有三种。

（1）电池兑换，1 电池 = 100 银瓜子。

（2）硬币兑换，1 硬币 = 450 银瓜子（普通用户）；1 硬币 =500 银瓜子（"直播老爷"或大会员用户）。

（3）直播中心签到，连续签到 5 天 = 666 银瓜子。

银瓜子主要用于购买辣条礼物，100 银瓜子 = 1 辣条，辣条礼物不可提现，但会提升主播经验值。

二、主播收入来源

B站直播体系中，主播收入主要来自"礼物打赏"和"大航海"，此外还有醒目留言等。

1. 礼物打赏

B站直播的礼物页，每页8个礼物，价格最低的礼物是1电池（价值0.1元）。此外，粉丝可以打赏"辣条"和"小心心"，"辣条"是银瓜子购买的（银瓜子来源下文会讲），"小心心"是根据观看主播时长获得的。

在这里我们对比一下快手和抖音的虚拟币、礼物体系。

抖音1元=10抖币，礼物最低是1抖币（价值0.1元），每页8个礼物，第一页礼物基本是1～20抖币。

快手1元=10快币，礼物最低是1快币（价值0.1元），在打赏页面中，每页8个礼物，最低是1快币，第一页礼物还有66快币、288快币。

B站1元=10电池，礼物最低是1电池（价值0.1元），打赏页面每页也是8个礼物，最低1电池，第一页礼物价值0.1元、1元、2元、100元等梯度。

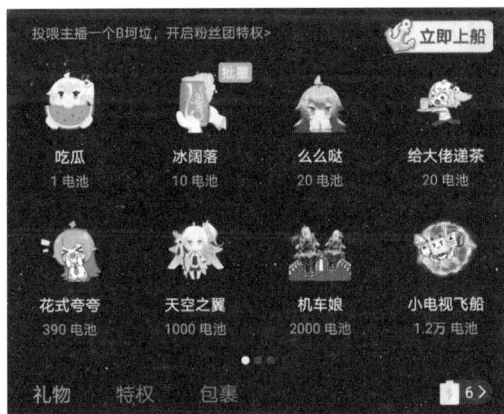

改版后的打赏页面

上图是改版后的打赏页面，10 电池 =1 元。

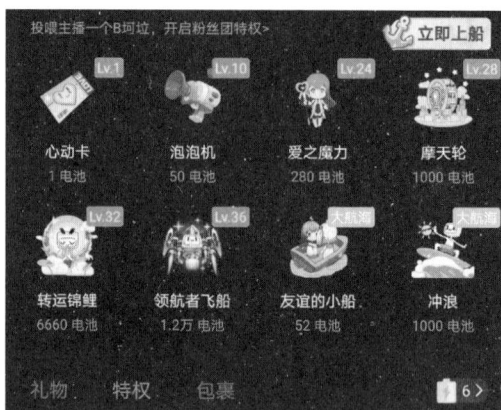

特权礼物页面

"特权"礼物，就是加入粉丝团后才可以购买的礼物。

通过与抖音、快手的打赏体系对比来看，2021 年 6 月 B 站的主播打赏虚拟币的升级，应该是出于促进直播总体流水的考虑。

曾经的"金瓜子"体系中，1 元 =1 000 金瓜子，可能会导致用户打赏高单价礼物更谨慎。

改版前直播礼物页面

2. 大航海

大航海是按月支持主播，分为 198 元 / 月、1 998 元 / 月、19 998 元 / 月三种类型。我们会在下文中展开讲述。

3. 醒目留言

如果直播间人数很多，弹幕的速度非常快，主播可能看不到粉丝发送的弹幕。这时候粉丝可以采用醒目留言的方式，让主播关注到自己的留言。

醒目留言标价从 30 ～ 2 000 元不等：30 元可以发送 40 字，保留 60 秒，颜色是蓝色；50 元可以发送 50 字，保留 2 分钟；2 000 元可以发送 100 字，可以保留 2 小时，颜色是最醒目的红色。打赏上限是 10 万元，但 10 万元的权益与 2 000 元的权益是一样的。

三、查看直播收益

主播查看个人收益的方式：手机端是在"个人页面"—"直播中心"（没有开通直播功能的账号不会显示直播中心）—"我的直播间"—"个人收益"。

主播收到的礼物会被折算成金仓鼠，1 000 金仓鼠 = 1 元。注意，ios 系统端打赏礼物、购买大航海的收益，需要 60 天才能折算成金仓鼠到账，安卓和网页版隔天就会到账。

B 站与主播的分成比例是 5∶5，即，主播收到的礼物一半收入归 B 站，一半收入归主播（不含税）。注意，提现的时候如果达到纳税额度，需要再扣税。主播收入页显示的就是实际到手的钱。也就是说，如果用户打赏了价值 100 元的虚拟礼物，主播最后只能提现 50 元，如果主播签约了工会，还需要再给工会分成。

之前安卓端和 ios 端购买的虚拟礼物主播提现到手的实际金额不一样，如果粉丝用 ios 系统打赏，支付了同样的钱，但主播到手相比安卓系统会少一些。这多少会让主播感到"少分到钱"了。

从 2020 年 7 月 1 日后，B 站调整了直播虚拟币充值的规则，安卓、网页端充值 1 元 = 1 000 金瓜子，ios 端充值 1 元 = 700 金瓜子，从而使两套系统打赏相同。

2021 年 6 月，"金瓜子"改为"电池"计算体系，安卓、网页端 1 元 = 10 电池，ios 端 1 元 = 7 电池。

四、提现

主播可以通过"金仓鼠快捷账户"用支付宝提现，提现时间是工作日 9∶00 ～ 17∶00，法定节假日不能提现。支付宝每天最多提现一次，提现金额在 1 ～ 2 000 元，最多不能超过 2 000 元。支付宝一般是 24 小时到账。

注意，主播收入是以个人总提现额扣税，比如，之前在"贝壳账户"的提现，已经达到了需要交税的标准，那"金仓鼠账户"再提现的时候，就按直接按比例扣税，主播到手是税后金额。

第三节　粉丝运营和直播玩法

开启直播之前，UP 主需要对 B 站的直播运营体系和直播玩法有基本的了解，做到有的放矢。

一、粉丝对于主播的支持

B 站直播中，粉丝对于主播的支持，主要通过两种方式体现。

1．大航海体系

粉丝对主播支持的第一种方式是大航海体系，主播"房间"拥有自己的舰队，粉丝每月充值船票加入主播舰队，叫"上船"。

大航海船票分为总督（开通 19 998 元 / 月，续费 15 998/ 月）、提督（开通 1 998 元 / 月，续费 1 598 元 / 月）、舰长（开通 198 元 / 月，续费 158 元 / 月，安卓 /PC 连续包月 138 元 / 月）三类（注：ios 用户不支持连续包月）。

开通主播大航海后，不管是舰长、提督还是总督，都会享有如下权益：粉丝勋章直升 21 级（最高是 40 级），入场会出现动画特效，直播间弹幕颜色位置更醒目，在"房间"内的昵称显示专属标志等。

提督在此基础上会再多一项发言特权，即可输入 40 字弹幕（一般情况下可以输入 20 字弹幕）。开通金额最高的总督，会再加一项权益——全平台广播，就是在开通的时候，所有直播间都会显示"某某开通了主播的总督"。

大航海体系中，主播完成百人 / 千人 / 万人舰队，主播和船员都可以获得对应的虚拟奖励。

对于主播来说，可获得对应的徽章、头像框、直播间皮肤、直播间角标；对于船员来说，可获得相对应的头像框。主播勋章永久有效，其他虚拟奖励会随着主播舰队人数下降而调整。

2. 粉丝勋章

粉丝对主播支持的第二种方式是粉丝勋章，主要体现粉丝和主播之间的亲密度。

开通粉丝勋章有两种方式，对于有视频投稿的 UP 主来说，可以在"创作中心"—"粉丝管理"—"粉丝勋章"页面开通。

对于主播来说，可以在"直播中心"—"房间设置"—"粉丝勋章"页面开通。

直播的粉丝勋章可以与视频打通，如为 UP 主的视频投 20 个币、充电 5B 币，也可以获得粉丝勋章。

在直播间中，获得粉丝勋章需要单日直播间打赏 99 电池（9.9 元）、赠送直播间礼物 B 坷拉（99 电池）、开通主播大航海（舰长包月 198 元 / 月）。

粉丝勋章一共分为 40 级，开通主播大航海可以直接升到 21 级，在直播间中，等级特权主要体现在可以发不同颜色的弹幕、赠送主播专属礼物。

粉丝勋章主要是通过亲密度提升等级，亲密度则是通过观看主播时长和打赏主播两种方式获得。其中时长的粉丝反馈是"小心心"，粉丝在当前主播的直播间（注意不可以是轮播、后台播放、投屏播放），每观看 5 分钟，可以获得 1 个"小心心"，每天最多可以获得 24 个"小心心"，但领取有效期只有 7 天。1 个"小心心"=50 亲密度。而打赏主播道具，1 电池 =1 亲密度。

二、每年一次的特权：主播生日会

在手机端"直播中心"—"我的直播间"—"申请生日会"，或者电脑端"直播中心"—"申请中心"—"我的生日会"，可以进行生日会申请。

生日会可以理解为每年一度的主播粉丝节，主要能享受四类权益：第一是直播间特定装扮，如生日会头像框和生日会皮肤；第二是生日会定制道具，如"生日快乐""生日蛋糕""生日王冠"；第三是生日会角标；第四是生日会开播提示。

三、直播间如何设置粉丝抽奖

B站UP主经常会为粉丝抽奖，作为新人UP主要了解抽奖规则，了解如何设置抽奖，才能事半功倍。

1. 天选时刻

B站直播间的抽奖功能叫"天选时刻"。直播间抽奖功能是在2019年11月陆续开放测试的，目前受邀主播才能有抽奖权限。

获得直播抽奖功能的主播，直播间会显示"天选图标"，主播设置抽奖条件，粉丝可以通过弹幕或者赠送相关礼物的形式参与抽奖。

中奖后，系统会发送领奖提示，粉丝需要在7天内填写中奖信息。粉丝查看中奖记录，可以在手机端"我的"—"直播中心"—"发奖记录"，或者从网页端"直播中心"—"我的直播间"—"发奖记录"，查看中奖信息，并填写收取奖品的地址。

2. PK、连线、大乱斗

B站主播连麦PK，有个玩法叫"大乱斗"。随机连麦其他主播，双方凭借各自用户打赏情况分胜负，胜者能得到积分，积分可以用于升级换取更高奖励。

2021 年 2 月 22 日之前，PK 连麦虽然可以设置 PK 黑名单，即"主页直播"—"我的直播间"—"PK 相关"—"PK 黑名单"，设置成无法匹配，但不能选择特定主播。

2021 年的 2 月 22 日，B 站更新"与指定主播 PK"功能。如果 UP 主的"直播姬"版本还不支持这项功能，可以升级到最新版，重启再试一下。手机端点击"互动工具"—"PK 大乱斗"—"指定主播连麦"。

"与指定主播 PK"，其实就是其他平台常说的连麦 PK，这个功能在快手和抖音上早就有了。B 站之前不能与"指定主播"连麦 PK，只能随机连麦 PK。

主播 PK 的内容其实就是粉丝打赏金额，之前其他平台的主播，都会通过连麦刺激打赏，同时也给彼此涨粉。但这种方式在 B 站上是否能有效带动打赏和涨粉，我们还需要观望。

目前，只有以下分区支持"与指定主播直播 PK 连麦"：视频聊天、视频唱见、舞见、手工、学习、萌宠、户外、美食、虚拟主播。

发起 PK 方的主播可以邀请指定主播连麦，对方有 10 秒时间接受邀请，如果超时未回复，视为拒绝邀请。

PK 时间由发起方主播设置，可以设置 5 分钟、10 分钟、15 分钟。PK 条（获得礼物金额）计分只统计礼物，不统计大航海和醒目留言。在指定时间内，PK 条更高（获得礼物金额更高）的一方获胜。失败方会有 3 分钟的惩罚时间，在惩罚时间结束前半分钟内，双方中的任意一方都可以发起再次 PK 的邀请。

在 PK 规则中，有一点需要特别注意：PK 助攻。

官方对 PK 助攻的解释是：单场 PK 中送出礼物前 3 名的观众将会在主播 & 观众的直播间内得到展示机会。胜方中对 PK 贡献第一名的观众将会获得单场最佳助攻的称号。

PK 助攻，就类似其他平台的"榜一大哥"。之前在快手的直播江湖中，经常有人通过给大主播打赏，争夺榜一、榜二、榜三的位置。

因为在快手直播的体系里，给主播打赏、与主播连麦 PK，确实能帮打赏人获得一定的粉丝量和关注度。这跟平台的底层逻辑也有关，快手的底层逻辑就是偏致富，社区氛围是偏"家人""老铁"的，所以快手里支持主播的人就很像主播的"贵人"，主播也愿意把"贵人"介绍给粉丝，粉丝也愿意再多认识一个"贵人"，而且主播自己也会引导粉丝们去关注这些打赏的"贵人"。

这套"连麦 PK""最佳助攻"的逻辑，如果只是目前的形式，在 B 站里是比较难跑得通的。因为 B 站粉丝关注一个主播，最主要的原因就是欣赏主播这个人，是为了精神愉悦，带着平视的心态关注主播，并没有很强的获利诉求。

除了与其他主播连线外，直播开播后，主播还可以与直播间内粉丝语音连线。点击"互动"—"语音连麦"，主播可以设置连麦条件，比如，大航海用户、指定名单连麦。在发起连麦的粉丝中选择连麦，就可以对话了。直播间内粉丝都能听到主播与连麦粉丝的对话。

第四节 B站官方直播工具使用教程

在B站上发布视频很容易，只要完成账号注册登录即可，但想要在B站上做直播，所需要的条件就相对苛刻一些了。B站有专用的官方直播工具——"哔哩哔哩直播姬"，下面我们来说说B站直播的限制条件和直播工具的使用。

一、直播注意事项

开通直播之前要通过实名认证，并绑定手机号，实名认证需要提供主播个人身份证信息。目前，B站一个身份信息只能实名认证一个账号，实名认证审核并不是当时完成的，一般是在48小时以内完成，所以要在直播之前申请认证。

除了大家普遍了解的规定外，还有几点需要特别注意的直播间规定：男性禁止裸露上身、女性不宜穿着暴露；禁止在直播间吸烟、饮酒；主播不得展示身体部位刺青；禁止未成年人发起直播；禁止主播以个人身份发布募捐、筹款等信息；禁止推荐股票、债券等金融投资产品；禁止任何形式的香烟、电子烟广告；禁止教育学习类频道推送网络游戏、娱乐直播等与学习无关的信息等。

违反规定，平台会进行A、B、C三类违规处罚，如直播黑名单永久封禁、封禁直播间1～90天等。

二、直播工具

B 站官方的直播工具有电脑版和手机版，暂时不支持 Mac 下载。

1. 手机开播

直播最核心的其实就两点：直播清晰度和直播流畅度。现在大部分手机摄像头其实都比电脑自带摄像头拍摄的效果好，而直播流畅度主要是网速决定的。

很多 B 站主播喜欢用手机开播，手机版"直播姬"功能也越来越完善。手机端直播支持美颜、连麦、垫乐、禁言、调整标签分区、清晰度，这些功能可以在手机开播界面快速设置。另外，手游直播支持扫码投屏。

（1）直播前

打开"哔哩哔哩直播姬"App，开播前可以先设置横屏还是竖屏，调整前置摄像头。选择开播画质：蓝光、超清、高清、标清。如果主播现在网速特别差，可以选清晰度稍低一档，确保直播时不卡顿。

此外还有一点，主播最关心的功能：美颜。在经历过几次改版后，B 站手机端的美颜功能也越来越好用。目前，手机端直播美颜支持磨皮、美白、瘦脸、大眼、开眼角；一键美妆、补妆、口红、腮红、眉毛、美瞳、睫毛、眼影、眼线；各式滤镜；贴纸（其实是视频特效，比如，猫耳朵贴纸可以自动识别主播动作，跟着主播移动）。

（2）直播中

在手机端开播之后，主播视角的界面主要分为三部分。

第一是左上角的人气值、粉丝团。

第二是左下角的弹幕，会显示新进入直播间的用户、关注了主播的用户、留言内容、礼物内容等。

第三是最底部的开播设置，点开后可以随时调整视频特效、进行连线或者 PK、选择配乐。

在直播过程中，如果要设置某个用户禁言，可以点击用户名，选择"禁言"即可设置 24 小时禁言。如果要撤销用户禁言，点击手机端"直播间设置"——"禁言管理"——"撤销禁言"。

主播也可以在直播间"设置"——"我的房管"，添加房管，房管同样有管理直播间权限，房管上限是 100 人。

2. 电脑开播

电脑端可以进行更丰富的直播间配置。在电脑上安装"哔哩哔哩直播姬"，选择直播分区，如游戏、娱乐、绘画、电台等。

游戏类分区支持游戏进程直播、全屏直播、窗口区域直播。绘画分区支持摄像头直播、全屏直播、窗口区域直播。

电脑端直播姬支持第三方推流，根据提示填写推流地址、推流软件等，就可以开播了。

三、直播间布置

在开启直播之前，我们将进行直播间的布置。我们进入直播间的时候会看到很多主播的直播背景，有文字或者图片，这些信息主要是在电脑端"直播姬"里设置的。

1. 文字设置

在电脑端直播姬上，选择"直播素材"——"文本"，编辑文字内容。主播可以设置字体样式、大小、颜色，也可以通过水平滚动和垂直滚动让文字动起来，从 0 ～ 100，数值越大滚动越快。

在直播的时候，因为主播不可能一遍遍讲自己的个人信息，所以直播间的文字可以设置成主播要提示的一些关键信息。比如,QQ 粉丝群号、直播时间、直播亮点介绍。主播也可以单开一个文字框，写上这场直播的主题，比如,歌单、聊天话题等。

以 B 站签约主播冯提莫的直播间为例，常规直播装饰非常简单，只用文字写了关键信息。右上角标注了其他平台信息：微博 / 抖音 /QQ/ 酷狗 / 酷我 / 网易云音乐 / 微信公众号同名、B 站直播间号 1314、淘宝店铺上新，左上角是新歌信息。

设置好文字后，主播可以点击"预览"，调整文字区位置。注意，文字不能太多，如果一定要放很多文字，可以设置文字滚动，因为滚动的文字有时候比静止的文字更能吸引注意力。

2. 图片设置

图片的作用与文字一样，只不过目前大部分主播更倾向于用图片鼓励打赏。比如，做一张图，写上本月大航海目标人数 200，已完成 150；或打赏哪些礼物可以获得哪些福利，如打赏某礼物可以在线点歌等。

3. 个人主页设置

（1）主播公告

游客进入直播间后，直接点击主播头像，最醒目的文字就是主播公告。

主播公告其实是很短的一句话，这个位置很宝贵，建议在此更新常规直播时间。

（2）封面和直播标题

如何让你的直播间被平台推荐呢？

根据 B 站官方说法，直播间推荐会受开播天数，开播时长，直播间互动行为（礼物流水、弹幕等），标题，封面等维度的影响。

如果主播有一定的粉丝基础，在开播的时候，粉丝会收到开播通知；如果是新人主播，开播天数、时长都不高，原有的粉丝基数少、互动行为也少，主要的流量来源就是平台推荐。在这样的情况下，封面和标题基本决定了游客会不会点进来观看。

大部分网友看直播都是在手机端，除了手机端直播专属推荐页之外，在用户最常看的首页推荐中，也会有一些直播间的推荐位。

直播和视频的不同之处在于，有时候游客决定是否点进一支陌生视频，除了封面和标题之外，也会受会视频已有播放量的影响。播放量比较高的视频，游客点进来的概率会更大一点。但用户点击进入一个陌生的直播间，不太受直播间原有人气的影响，主要就是看封面和标题。

封面如果用主播本人的照片，建议照片与此刻直播间主播形象的差距不要太大，否则会影响用户留存率。比如，封面照片是偏成熟风的，游客点进来之后，发现主播是偏可爱风的，这样就会让点进来的游客存在一种落差，可能还来不及听主播在讲什么，就会关掉直播间。

直播标题的字数限制是 20 字，但推荐页只能显示 11 个字。一般标题和封面都会配套，比如，封面上主播加了猫耳朵特效，直播标题就可以是"猫猫这么可爱"等。

直播标题还有"选我风"——别划了，就我吧；"祝福风"——祝点进来的人新年瘦十斤；"说明身份风"——主播职业、年龄、地区等。

4. 轮播设置

如果粉丝去搜索主播的直播间，即使主播不在线依然能够看到直播间里的内容播放，比如，往期投稿或者直播回放，这个就叫"直播轮播"。

设置"直播轮播"也非常简单，点击网页版的 B 站主页—"直播"，在直播界面下，点击头像—"直播中心"—"我的直播间"—"轮播设置"。

创作者可以选择开启"轮播列表自动更新"功能，这样，每一支新投稿的视频，都会自动更新在轮播列表的最上方。创作者可以手动设置轮播列表，也可以拖动已经选中的视频调整顺序。

相比于自动，我更建议创作者选择手动更新视频，能自主选择。轮播的视频不需要很多，但一定是能给人面对面聊天感觉的。

目前，B 站的直播回放功能还在内测，收到内测邀请的主播在账号主页会显示直播回放，主播可以设置直播回放。

四、主播任务

在 B 站，参加主播任务可以获得现金奖励、头像框、星光（用于直播间推广）、推荐位等各种资源和福利。

主播可以在手机端"哔哩哔哩直播姬"主页面报名参加活动，"近 7 日数据"下就是官方活动公告栏。点击"更多活动"，可以看到近期动态。一般主播任务会对开播时长、开播天数、礼物流水有要求，或者指定主播在某一时段开播，并统计特定时段的礼物积分。

这里举一个主播任务的例子，方便理解。

2021 年 2 月 22 日～3 月 14 日，B 站直播上线了"早安、晚安 B 站直播人"的主播活动，早安活动的直播时段是 6：00～11：00，要求主播在娱乐和电台分区（除户外、日常、放松电台）开播，要先点击报名，开播成功后才开始统计礼物流水。

有创作者更关注活动竞争强弱以及参赛主播的实力，当时 B 站的打赏体系还是以金瓜子计算。

活动上线第一天，单日金瓜子榜首积分 87 万（价值 870 元），第二名金瓜子 68 万（价值 680 元），最后一位上榜（第 20 名）金瓜子 10 万（价值 100 元）。

为什么要参与 B 站的主播任务和直播活动？对于新人主播来说，最难熬的就是一开始没有观众的时候。这时候如果不播，就没有推荐；开播则要对着空荡荡的房间，确实很难平衡心态。

直播的黄金时段大概是 20：00～23：00 这个区间，不管是电商带货直播还是娱乐、游戏直播，因为这是大众放松的时段。在黄金时段，虽然流量更大，但主播竞争压力也大，新人主播想获取推荐和流量，只能在头部主播的休息时段也坚持开播。

专职做主播，初期就是一件非常辛苦的事情，万事开头难，初期的直播心态、直播时长、直播时间段对于主播来说都是很有挑战性的。

有一些主播任务，只对开播时长有要求，完成任务后，就能获得对于新人主播来说，最宝贵的曝光量、推荐位，或者是获得用于直播推广的"星光"推广金。

五、直播推广

参加主播任务和直播活动，可以获得直播推广金，直播推广金在 B 站上叫"星光"，直播推广系统叫"星云系统"。

目前，星光功能还在测试期，所以大部分主播只能通过参加主播任务、平台活动获得。使用"星光"直接点击"推"，可以看到主播订单，选择"下单星光"，10 星光显示可以带来 20 ～ 100 个新增直播间用户。

以一位主播为例，我们看一下详细的推广数据：她下单了 20 星光，消耗 5 星光，退回 15 星光。这 5 个星光带来了 1 万曝光量和 44 位实际点进直播间的用户。

六、直播数据复盘

目前，手机端和电脑端都可以查看直播数据。手机端能看近 30 日数据、7 日数据、昨日数据，电脑端主要是能回溯更久之前的直播数据，而且能锁定特定某天的数据。

手机端点击"直播中心"—"直播数据"—"数据总览"，可以查看六个维度的直播数据和 30 日以内的趋势曲线图。六个直播数据维度包括：流水收益、直播时长、新增关注、新增粉丝、弹幕数、最高人气值。

手机端直播数据复盘页数据总览

对于这个页面需要补充说明的是，新增关注是关注人数，新增粉丝团是新增获得粉丝勋章的人数，获得粉丝勋章需要给主播打赏礼物，主要来源是礼物、大航海、醒目留言。

通过对这些数据的评估，主播要重点分析以下几点：

（1）哪个时段进入直播间的人数最多、粉丝互动和活跃度最高；

（2）同时段主播的不同装扮，不同的封面、标题，对上述数据有哪些影响；

（3）同时段主播的相同装扮，相同的直播间设置，不同分区对上述数据有哪些影响。

第五节　直播聊什么：直播选题与运营

上文中也提到，2020 年以前，在 B 站上做视频的 UP 主，很少有人会开直播。但是在 2020 年，B 站运营者意识到，只有在自己平台上成长起来的"原生"内容输出者，才能够最好地适应平台环境。所以在过去的一年，B 站在鼓励直播上下了很大的功夫。很多 UP 主在平台政策的激励下，也开始尝试直播。

一、直播选题

做视频和开直播是两件事情。很多 UP 主在视频中会妙语连珠，因为他们可以用两三周的时间去做内容，只为在视频中呈现一个最好的效果。在生活中，他们可能是非常腼腆的人，所以真的要与粉丝进行实时视频互动，面临的第一个问题就是：不知道聊些什么好。

其实 UP 主也不用第一步就去直面粉丝，可以先从两个维度出发，先侧面适应：第一是适应镜头，第二是适应此时此刻自己的一举一动都会被粉丝实时知晓。

1. 游戏直播

直播其实是非常消耗体力的，尤其是真人露脸聊天型直播，对于普通人来说，连续不断讲话 10 分钟，都会觉得很难受。

有很多 UP 主第一次直播选择游戏直播，因为不用真人露脸，这样紧张感会少一些，而且也不用一直说话，游戏音和游戏情节本身就可以吸引用户一部分的注意力。游戏直播确实又是直播的形式，可以跟粉丝聊天，也可以提前适应这种实时"被看到、无法剪掉"的感觉。因此，对于很多 UP 主来说，开游戏直播，更像是一种互动。

我们上文中提到，直播间想出现在推荐页中，会受到开播时长、开播次数、直播间互动、封面、标题这些维度的影响。聊两个小时非常难，但打两个小时的游戏对于很多人来说并不是很难。

对于新人主播来说，游戏直播并不利于"素人"涨粉，除非主播的声音很有辨识度或者游戏解说得非常有特色。注意，不是说得好，而是说得有特色。

2. 学习直播及延展

2020 年上半年，因为在家隔离，很多学生开始在 B 站上直播学习，比如，直播写作业、直播备战研究生考试、直播备战公务员考试等。当时，学习直播的直播间名称还流行过"坐在你对面的云同桌""自习对面的女同学"。

这种直播形式之前在其他平台很少见到，而且创作者也没有想到直播学习、直播考研居然出乎意料地受欢迎。当时出现一批有代表性的账号，这些账号因为直播学习开得比较早，快速起量，在那段时间长了很多粉丝。

这种直播形式给了很多"素人"主播启发，可以直播学习、读书、写作业，也可以直播工作，比如，直播敲代码、打字等。

像这种陪伴式学习或者工作的账号，直播画面很简单：或者是主播出镜，画面观感就是坐在"你"对面学习；或者是把画面对着土播在看的书、在写的东西；还可以把画面直接对准走动的电子表。

用户确实是会把这个直播界面放在自己的对面，感觉在自己努力学习或工作的过程中，有人在陪伴自己。

写作业、敲代码等这种类型的直播可以叫生活状态类直播。生活状态的直播画面，可以是以创作者为主角，直播创作者的生活，也可以是创作者眼中的世界、创作者眼中的生活。

我们再举一个例子。

你之前曾经在学校的图书馆里直播过上自习，当时你的分区是学习。

晚上的时候，你约了朋友一起去吃饭，在一个烤串摊边吃边聊天。这时候你又打开了直播，把分区调到了生活区，此刻，你至少会有三个直播的视角设置。

第一个直播视角，是把直播镜头对准你和你的朋友，你们两个人聊天。用户的身份是镜头那边的第三人——朋友，在听你们聊天。这时候你的直播亮点是你和你朋友之间的互动状态，你俩的聊天内容，用户感受到的是一种氛围。

第二个直播视角，是只把镜头对准自己，一边吃一边聊聊口感味道、聊聊这个小摊儿的故事，顺便与"对面的朋友"说两句话。用户的视角就是坐在你对面的人，直播亮点是食物，直播的是你在享受和介绍食物的过程。

第三个直播视角，如你征得老板的同意，可以把直播主角设置为烤串摊儿的老板。这时候你的直播亮点是一个烤串摊的老板，他一晚上要忙活些什么。用户是在感受一份职业，感受大部分人都没经历过的一种生活。

如果主播不擅长专门为了做一场直播而设定聊天话题，那就把镜头对准主播认为值得跟大家分享的生活状态，或者是主播觉得有感触的场景。

二、直播聊什么

说了这么多其实主要是想告诉创作者，在B站上开直播，不要害怕面向镜头，或者是不要担心不知道说什么，只要选择的直播领域有特色，也能够找到属于自己的直播方式。

刚开始不知道聊什么该怎么办？相信很多主播都有这个困扰。

1. 圈定一个直播

先说一下直播的最佳时长。B站在官方直播活动中推荐的直播时长是2小时左右。

2. 圈定一个直播频率

冯提莫的直播频率适中，是每周二三五六晚上八点播。全职主播，一天播4个小时甚至播8个小时都是正常的。全职主播是一件很辛苦的工作。

3. 确定聊天话题

我们先锁定聊天话题的三大类来源：第一类，就是讲自己的故事；第二类，是讲粉丝的故事；第三类，是讲主播知道的故事。再锁定两大角度，一个话题可以围绕经历和观点两个维度——经历就是自己身上发生的事情，观点就是你如何看待一件事情。

4. 记得与粉丝打招呼

主播要与粉丝打招呼，回应弹幕里的话题。

这样一小时的即兴直播就能被填满了。

对于新人主播来说，与进直播间的每一个游客打招呼是一件很重要的事情。比如，一个游客进到直播间后，你可以叫他的昵称，说"欢迎某某进入我的直播间"，假设最孤独的情况，整个直播间只有这一个游客，你甚至可以直接说，"你是我的第一位观众，我想跟你说说话。你在读书还是上班了？最近有看什么电影吗……"

主播感觉没话题聊，就是因为面向的受众太模糊，虽然直播间里有几百人，但主播的感觉还是自言自语。这时候如果有人发弹幕跟主播互动，主播可以就这个话题展开来说，想象对面就有一个真实的人在跟主播讨论这件事情，平时怎么聊天，此刻就怎么跟观众接着聊下去。

三、为什么说直播时长很重要

我们设想一下游客用户的心路历程：关注的主播不在线（这也是为什么很多签约主播都被要求至少连续直播 4 小时起，因为如果这个主播不在线，粉丝就可能被别的主播抢走或者注意力被分散），随机逛逛新直播间吧——这个直播间的封面很赞，点进去发现是游戏直播，看看好像不是自己玩的游戏，听听主播的解说。

感触：这个主播说得很专业，但我不是专业玩家，所以听得很无聊。哎，这个主播很有意思，聊天的时候很逗，虽然依旧不懂这个游戏，但听他讲好像也没那么无聊了。

很多 B 站视频 UP 主并没有直播的习惯。做视频与开直播其实是两种镜头表现状态，直播时，最重要的状态是用户陪伴感。

前面说过，B 站官方直播活动中推荐的直播时长是 2 小时左右，这个时长对于非专业主播来说，确实有点难熬。但即使如此，新人初期直播也要坚持，尽量不要低于 1 小时，因为开播时间越长，主播被推荐到直播推荐页或者主页推荐页的机会越大。

第六节　B站主播发展与未来

直播作为 B 站一个重要的内容生态布局，目前还处在发展的初级阶段，但未来直播应该会成为 UP 主的标配。无论是成为一个新的流量增长渠道，还是成为一种新的商业转化方式，B 站的直播都还有很大的发展空间。

一、B站直播的发展

《中国互联网络发展状况统计报告》显示，截至 2021 年 6 月，我国网络直播用户规模达 6.38 亿人。其中，电商直播用户 3.84 亿人，游戏直播用户 2.64 亿人，真人秀直播用户 1.77 亿人。

过去的 2020 年，直播带货的兴起让各个视频平台达人都开始尝试直播出镜，也开始尝试直播带货。但在 B 站，直播带货模式还没有发展成熟。

目前，B 站直播更多的是作为补充，与 PUGV、OGV 一起成为平台内容的一部分。UP 主开直播，除了维持粉丝黏性，与粉丝有更深入的连接外，还有一个原因就是在 B 站平台鼓励 UP 主开播的政策下，UP 主可以通过直播获得额外的流量推荐，达到涨粉的效果。

这与 B 站的底层内容逻辑也有关，在过去的 ACG 社区氛围中，B 站开通了会员购，在带货周边产品（与 B 站内容相关的产品）上其实取得了一定的成绩。但当需要带的"货"，从周边产品变成口红、零食，甚至大米、花生油等与 B 站内容不相关的产品时，平台用户会觉得很突兀，接受度不高。

2020 年 12 月，在面向重点代理商、广告主开放的年度营销大会上，B 站 COO 李旎表示，2021 年会将直播业务全面纳入商业化生态。

对于主播来说，这是一个利好的信号，在前几年千播大战的时候，主播生态更多是与网站工会捆绑在一起，直到快手上商家型主播、淘宝直播上带货型主播的出现，明显激发了主播生态更大的活性。比如，淘宝直播本身就是为带货而生，它本质上就是一个线上购物引导。

二、可以借鉴的模式

这些年，在以短视频属性为主的诸多平台中，快手是表现较佳的"带货"渠道。快手主播带的货，大多是自己家的货，很多快手主播原本就是商家，也在淘宝上开店。

快手上一位女装类主播提到，就她的产品而言，在快手上的复购率要远高于淘宝。因为淘宝上的用户要买东西，第一习惯就是搜索商品名，而不是点进某个店铺看看。这就导致用户今天选择这家的裤子，可能是因为便宜，但明天别家裤子更便宜，就不在这家买了。

但快手本身是短视频平台，快手用户对主播的黏性也高于抖音等其他短视频平台，快手主播每晚直播，用户来看看，有合适的就下单购买。

较高的复购率与快手的家人、"老铁"氛围也有关联。快手上的直播带货与淘宝上的直播带货有一点比较明显的区别是，一个是以人为核心，一个是以货为核心。很明显，快手是以人为核心，淘宝直播还是以货为核心，以人为核心的直播带货会成就更高的复购率。

2020 年可以说是短视频的又一次爆发年，这一年直播在各短视频平台也再次爆发，各个平台都开始意识到，短视频和直播结合才能打通流量和商业。

微信生态下的短视频平台——视频号，结合朋友圈直播；知乎上线短视频并且鼓励答主直播；微博上线视频；小红书也开始邀请短视频平台的 KOL 入驻。在诸多平台中，微信生态作为无数内容创业者梦开始的地方，获得了最广泛的关注。

2020 年年底，运营了近一年的视频号，突然受到了前所未有的关注。可能是基于对张小龙的信任，也可能是企业微信证明了微信生态在获客转化上的能量。很多从业者再次重视起了微信生态的短视频、直播内容。

但有一点非常值得思考，大部分用户对于微信的认知，其实还是通信社交型 App。行业有观点认为，微信在最近几年的一些变化，使得微信越来越"重"，而这种"重"其实与微信早期"用完即走"的用户理念存在冲突。

三、B 站主播的未来

在开拓内容品类的基础上，B 站也进一步主导开发了新的增长点，最具代表性的就是与拳头游戏战略合作获英雄联盟三年赛事独播权，吸引大量观众和游戏主播入驻，S10 观看人次同比 S9 提升超 300%。

除了常规的游戏直播、秀场直播外，B 站也在寻找、扶持更适合平台特色的直播形式。而其中之一，就是虚拟主播。虚拟主播全称"Virtual Uploader"，缩写称为"Vup"。"虚拟主播"这个概念，最早是来自 2016 年虚拟 YouTube"绊爱"。主播并非真人，而是虚拟二次元形象，由真人或者 AI 进行配音。

2020 年 7 月，演员蔡明在 B 站以"菜菜子 Nanako"的形象第一次直播，25 分钟舰长破百人。但这也是这个账号 2020 年唯一一次开播，尽管如此，2021 年 2 月"菜菜子 Nanako"的舰长还有 6 人。

提到虚拟主播，很多人会想到洛天依。严格来说，洛天依是 2012 年"出道"的，当时更倾向于"虚拟偶像"的概念。

2019 年 5 月，B 站与日本最大的虚拟主播团体 NIJISANJI 合作，推出"VirtuaReal Project"，招募扶持虚拟主播。同年 12 月，专注虚拟偶像的 MCN 魔女公司入驻 B 站，其创始人曾表示，Vup 的优势在于更高的互动数据和更长的商业转化生命周期，主播前期的收入主要来自直播打赏和约歌，到 20 万粉丝后，就会有更多广告收入。

第六章
是签约 MCN，还是
开自己的工作室

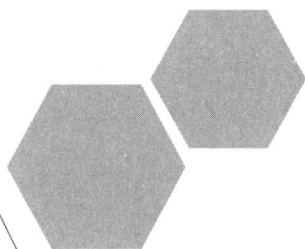

在发展到一定阶段后，UP 主会收到一些来自 MCN 机构的签约邀请，或者会有全职做 UP 主甚至组建工作室的想法。对于 UP 主来说，签约 MCN 机构和做自己的工作室，是完全不同的两个发展方向。

如果选择签约 MCN 机构，UP 主只需要负责自己的选题、内容、播放量，即专注于个人 IP 的打造。运营成本、商单对接、法务财务、公司管理，都是签约的 MCN 机构考虑的问题。

如果选择开个人工作室，UP 主需要考虑的是团队层面的发展，要给自己和团队定 KPI，要考虑工作室的开销和收入。这时候 UP 主就会发现，一个人跑起来很容易，但要带着一群人跑起来，会有各种意想不到的问题需要操心。

无论是签约 MCN 机构打造个人 IP，还是下定决心好好经营工作室乃至公司，如果到了需要抉择的时候，都说明 UP 主的发展越来越好，进入了下一个内容创作阶段。

本章我们来讨论，签约 MCN 机构和自立门户开工作室，各有哪些优劣之处，有哪些可以提前避免踩的坑。

第一节 想辞职做全职 UP 主——别着急

我曾经在私信中收到一些网友的提问，包括很多同样是 UP 主的朋友会征询我的意见，问什么情况下可以考虑全职做 UP 主。

很多 UP 主的初衷其实是爱好驱动，一开始并没有把它作为一份职业，有句话说，虽然我不认为它完全正确，但有一定的意义，也想先分享给大家：当你的爱好变成职业后，你就失去了一项爱好。

我的建议是，如果你考虑全职做 UP 主，其实跟你考虑辞职去做自由职业、去做任何一件"不上班"的事情一样，并没有区别，不会因为你的选择是 UP 主就有不同。

一、考虑目前的收入情况

想全职做 UP 主，首先要考虑的是目前的收入情况，分析收入构成，这些收入是否有持续性。

很多 UP 主的主要收入来自广告，我们都知道，广告收入很不稳定，而且与你同样类型、粉丝量正在超过你的 UP 主只会越来越多，比如，你现在有 10 万粉丝，对方也有 10 万粉丝，但 3 个月过去之后，你会发现，之前同量级账号普遍都涨到了 15 万粉丝，而你的粉丝数可能只是增长到了 12 万。如果你们的报价一样，广告主就会更倾向于选择其他同类型的账号。

二、考虑这份职业是否有稳定发展性

做 UP 主，或者是做抖音、做快手短视频创作者，都是非常依赖于平台的，那我们得首先保证账号不会被封。很多 UP 主多方向发展，除了做 B 站，也会更新微博、更新抖音或者做 QQ 群，就是为了保证，如果有一天账号没了，还有机会从头开始。

对于大部分的 UP 主来说，账号走红是有一定的偶然性的。同样的内容，当时那个节点火了，但是放到现在来看，不见得能有当时的效果。

三、考虑遇挫时的应对

如果未来发展没有想象的那么好，那你打算怎么办？做 UP 主如果未来发展没有想象的那么好，你是打算重新去工作，还是继续做别的事情？如果重新工作的话，要找什么类型的工作，或者当下做 UP 主的经历能给你哪些赋能，比如，是否要找新媒体工作，是否要找短视频相关的工作。

四、要意识到，做 UP 主本质上也是一份工作

做 UP 主本质上也是做一份工作，只是你要负责的对象不是公司，不是老板，而是你自己。那你更应该制定比上班的时候更严格的工作计划。不能说今天累了，想出去玩了，就把拍摄计划搁置了。

全职做 UP 主，其实是选择了一条比上班更艰苦的道路，它不是那种，我不想上班了，就可以去做 UP 主的备胎选择。而是你认为做 UP 主确实比上班更适合自己，更有发展前景，这是你给自己选择的职业道路。

五、要记得给自己交社保

做全职 UP 主，实际上就是采取了灵活就业的形式，这就需要自己给自己交社保。

做好这些准备你就可以开始自己的全职 UP 主之旅了。

第二节 签约 MCN

MCN（Multi-Channel Network）有一个非常正式的解释：多频道网络的产品形态。这么看有点难懂，最早这个概念在海外被理解为 YouTube 的频道集成商，为垂直品类，如时尚、汽车、游戏等提供丰富的账号内容。当然，这是站在平台方的角度所作的解释，如果站在红人的角度，也可以将 MCN 解读为网红孵化器。

一、MCN 模式的由来

提到 MCN 模式，不得不提到一家叫 Maker Studios 的公司。这家公司在 2009 年成立，是在 YouTube 上相当知名的一家 MCN 机构，主要受众是"千禧年一代"。

到 2014 年年初，Maker Studios 拥有 5.5 万名创作者（也可以理解为，在 YouTube 上有近 6 万个频道），这些频道下的总订阅用户达到 3.8 亿，其中，包括当时人称 YouTube 第一网红、粉丝 4 300 万的谢尔贝格。

2014 年，迪士尼斥资 6.75 亿美元收购了这家公司，并在当时表达了对短视频的看好、对青少年受众群体的看重，认为 Maker Studios 的内容能力足以成就下一个漫威（漫威漫画公司，Marvel Comics）。

然而，仅仅过去 3 年，到了 2017 年 3 月，迪士尼遣散了 Maker Studios

旗下的多名员工，并将原先 YouTube 上已经签约的 6 万名创作者，减少到 300 人，遣散的人员还包括当时欧美最火的游戏主播 PewDiePie。

探究迪士尼这一操作背后的原因：一是 MCN 业务当时的收支状况并不足以让公司满意，广告增长的速度跟不上在内容上投入的速度；第二是迪士尼成立并重点投入了自己的数字网络部门。

同样是在 2017 年，这一年在国内 MCN 机构爆发。在本土化的过程中，有了与圈外 MCN 机构不同的特点，相比于国外重度的内容经营模式，国内 MCN 更合适被解读为网红经纪机构。

国内 MCN 机构的经营模式主要是通过"大量签约 + 少量自建账号"扩充内容库、扩充流量池，然后通过商单广告、平台流量分成，以及后来出现的直播带货等多种形式实现商业获利。

近年 MCN 机构在进一步发展中，也在摸索企业服务和全案整合营销等模式，比如，为企业做蓝 V 账号代运营、直播代播、品牌营销、效果营销等。

二、MCN 机构的运营

对于大部分 UP 主、网红、博主来说，与 MCN 机构的第一次接触，都是从账号私信开始的。作为内容创作者，你可能会在某天收到一条私信：先是对你创作内容的认可，然后希望进一步沟通以进行深度合作。

事实上，MCN 机构有专门的签约经纪人，会通过私信联系 UP 主，从表面上看与星探有些类似，但又跟星探不一样，星探注重对人员的筛选，而随着 MCN 机构竞争压力的加大，很多 MCN 机构其实是没有太大精力做事先评估筛选的。在签约层面上，越来越多的 MCN 机构将重点放在了数量扩张，而不是质量打造上。在 2020 年直播带货风潮后，很多 MCN 机构开始大批量签约多平台账号和主播。

MCN 机构到底是直播工会、经纪公司、内容制造工厂，还是专业短视频服务机构，无论定义为哪一种都不算错，因为各家的侧重点都不相同。

实际上，当下许多 MCN 机构，其实是依托于不同内容平台而起的，有专注于抖音、快手、淘宝直播的 MCN 机构，也有专注于小红书、知乎、微博、B 站的 MCN 机构，这些机构通过占领早期的平台红利，与平台谈到了不错的扶持政策，在各自的原生平台先行发力。

过于依赖原生平台，很可能会制约 MCN 机构的发展。从 2014 年到 2020 年，短短 6 年时间，新媒体生态就从图文演化成了短视频。对于 MCN 机构来说，如果只依赖原生平台，在快速发展的形势下，很可能会被市场淘汰。

MCN 机构面临的几大问题，一直没有得到解决，比如，商业转化模式过于依赖广告、流量过于依赖平台、头部账号难以复制、红人解约单飞、跨平台迁移能力不足等。这些问题制约了 MCN 机构的发展。

当然，在另一方面，国内 MCN 机构也在探索更适合自己的本土化发展路径。

三、签约 MCN 需要了解的问题

2020 年 4 月，B 站 UP 主林晨同学，发视频讲述了与 MCN 机构签约后，在合作过程中的矛盾及解约时的纠纷。这支视频在 B 站上播放量超过了 800 万，并且在微博、知乎、微信公众号等平台也引发了广泛的讨论。

这个事件背后所反映出的其实是签约合同的谨慎解读。

一般行业的签约合同都非常长，可能多达十几页，合同中会把每项内容约定得非常明确和严格。UP 主可能出于对签约经纪人的信任，当对方口头承诺了一些权益——规避了不利于 MCN 机构的条款解读，就信以为真，这就可能成为后期争端的根源。

实际上，无论之前双方口头聊得多么好，只要落实到法律层面，一切都要以签约合同为准。

林晨同学以及很多后来同样站出来，用视频去讲述自己与 MCN 机构签约踩坑经历的博主，共同面临的一个合同问题，就是天价的解约赔偿金。

按理来说，MCN 机构设定违约赔偿也是存在合理性的，主要的理由是为了收回在账号运营过程中所支付的人力、规划、流量推广等方面的成本。同时，也要防止自己机构扶持出来的账号被其他的机构挖角的情况出现。

解约赔偿金的规定并不是不合理的，为什么还会有这么多的纠纷？矛盾的根源可能在于 UP 主本人是否提前知晓解约赔偿金，并且谨慎考虑过自己这一方解约时需要支付的赔偿金。

在 MCN 机构与 UP 主的合作中，双方其实都有顾虑的问题。MCN 机构会担心投入资金支持后，UP 主提出解约；UP 主也会担心 MCN 机构并没有给予实际支持，在解约条件中却层层设卡。

在 UP 主决定签约前，一定要看完全部合同内容，一切执行以合同为准。尤其要重点斟酌违约赔偿、解约条件与赔偿、合同期限等，而且要结合这份合同的合约期来看，比如，合约期是两年还是五年，对比一下，肯定是五年 UP 主所面临的变故会更多，需要权衡的问题也更多。

第三节　开自己的工作室，会遇到哪些问题

无论是在哪个平台做内容，只要账号发展到一定规模了，肯定要考虑下一步的发展问题。除了签约 MCN 机构之外，创作者还有一条路，就是做自己的工作室。

B 站的生态其实与公众号的生态有些类似。很多个人创作者在发展成熟后，不太愿意签约 MCN 机构，更倾向于自己创业。

个人创作者开工作室或者说开公司，会遇到各种想得到、想不到的问题。尤其是做视频内容的，光成本投入就比做文字内容的投入大很多。做文字内容的公司投入主要是人力成本，一篇文章写出来就可以发了；正规的视频团队，编导、摄影、后期、商务、器材，都是不小的开销。

一、从个人到团队

UP 主从个人发展到团队，需要解决一系列的问题，最重要的是明确团队成员的作用。只有捋顺关系，才能更好地发挥团队的功能。

团队分工问题是从个人到团队首先需要解决的第一个问题。

现在大部分视频都是 UP 主本人出镜或者本人配音，粉丝对于 UP 主的形象、声音、个人风格是有熟悉感、认同感的，所以即使团队化，UP 主依然要投入不少的精力去做内容。

而团队需要做的事项主要有三方面：第一是内容维度，丰富选题内容、完善视频文案脚本；第二是拍摄和制作，有专门的拍摄团队提前完成拍摄测试、景别设置、多机位、打光效果、更精细的后期；第三是在商业化方面，有专门的商务同事拓展更多的广告客户，或者开拓电商等方面的业务。

从个人创作转化到团队创作，这一过程中，UP 主都会碰到另一个问题——团队成员的想法冲突。既然是团队，那么每个人都有自己的想法，团队成员的想法肯定没办法与创始人的想法 100% 的相同。

其实要解决这一问题，还是要处理好分工问题。作为团队创始人，必须要分清楚哪些事情可以放心地放权给同事做，规划好业务流程与要求；哪些事情必须由自己完成。

另外，还有一些事务性工作，比如，创始人除了要给员工发工资，还要给团队成员交五险一金，处理公司的税务、法务。可能初创团队的工作量以及业务情况决定了不需要招专门的行政、财务、法务，所以从租办公室、注册公司，到同事们电脑坏了、要买纸巾，都会找到创始人。

当然，以上这些还只是创始人面临的基本问题，更高难度的问题是：团队招募与管理、营收模式与流水、公司业务延展与转型等。

二、人才培养

对于初创团队，最宝贵的就是人才，很多团队都招不到合适的人，或者是团队开不出更高的工资，再或者是人找到了，工资也咬牙开出了，但人才不敢选一家规模不大、发展未知的公司。

好不容易人才来了，但留不住也是常有的事情。团队管理其实是一门很深的学问，也许每个成员单个来说确实都很优秀，但每个人都有自己的行事风格和标准，融合到一起就会有不少欠缺面暴露出来。

团队管理需要把合适的人按标准安排到合适的岗位上。而作为创始人，要给团队成员合理分工、明确考核目标、规范工作流程。

三、经验教训

B 站百大 UP 主影视飓风，在视频中分享过自己创办公司的经历，其中有一句关于公司管理的观点：在公司，如果你只谈感情、交朋友，公司就会被人情拖垮。

影视飓风是 2020 年、2019 年两届百大 UP 主，在 2019 年 1 月的时候，他的账号粉丝量只有 20 万，而在 2019 年之前，他的团队已经做了 4 年 B 站视频了。

在复盘创业经历中，他提到了三点非常宝贵的经验。

1. 现金流非常重要

创始人一定要意识到，账上的钱对于一家公司来说，并不是收入，而是未来 3 个月一定会花出去的支出。工资、房租、税费、水电，一个月的开销就是几十万元。

以 2020 年全年公司营收 150 万元为例，这些钱对于 50 人规模的公司来说，最多可以运营 3 个月。

2. 规划收入结构，积极寻找新机会

2020 年之前，影视飓风团队的收入主要由三部分构成：TVC 广告拍摄收入占 50%，电商收入占 25%，B 站广告收入占 25%。

2020 年年初，面对现金流问题，团队开始调整业务模式，引入直播带货，当时厂家给了较低的价格，并给出了 7% ～ 13% 的佣金，第一次直播带货，上架一秒后小麦克风就卖空了。经验不足，导致后面没货可卖。

3. 建立团队后，要明确分工指标

从个人创作，到小团队创作，再到公司化运营。人员越来越多，创始人需要合理放权，也需要搭建完善的团队架构，明确业务线、人员职责。

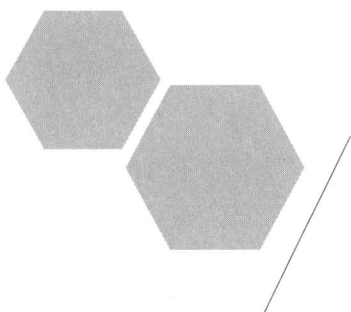

第七章
B 站企业号运营

在 2020 年之前，其实很多企业的新媒体渠道，只是作为一个品牌宣发的出口，企业并没有意识到自建新媒体渠道的重要性，也更倾向于外包企业号运营。

很多企业标准的营销渠道配置是两微一抖：微信、微博、抖音。2020 年 B 站出圈后，一些企业才开始考虑开通 B 站企业号，并且在 B 站上进行广告投放、与 UP 主合作。而更多的企业，因为看不太清楚这个平台的运营逻辑，还在观望。

站在企业的角度，肯定是需要首先评估 B 站这个平台是否具备入局价值。评估完平台价值，再核算成本，核算投入产出比，制定需要回收的 KPI 考核指标，才会躬身入局。

本章我们会从新媒体全平台布局谈起，浅析如何设置 B 站企业号运营计划。

第一节 企业蓝 V 号进化论

企业蓝 V 是指平台官方经审核确认后，在入驻企业的账号头像添加特定蓝色图样或文字标识，凸显企业的性质；平台提供针对性的权益、运营工具、官方活动等支持企业的商业运营；经平台认证的品牌蓝 V 所发布的信息代表该企业的官方权威发布，认证主体接受监督，对内容的真实有效负责。

一、2014 ～ 2021 从新媒体的过去看到未来

我们先简单复盘一下新媒体行业的发展史。

在新媒体行业的概念中，B 站通常被看成是新媒体平台方。就像微信公众号是图文载体的新媒体平台，抖音、快手最初是 1 分钟左右的短视频平台，B 站被看成是"中视频"的代表平台。

了解新媒体行业的发展，有助于我们理解 B 站的运营思路，更能够帮助我们"预判"下一个风口。

1. 微博、微信时代，企业蓝 V 号的启蒙之路

新媒体行业经历了 2014 年微博时代的预热，在 2015 年之后开启了井喷式的快速成长。

2015 年一批资深媒体人转型投入新媒体领域，个人创作者开始向公司化

转型，风投机构愿意投资一个只有几十万粉丝的公众号，这在此前是很难想象的。

当时我们谈论微信公众号的价值，经常说到一个词——垂直高净值用户。

公众号的内容越垂直精准，越有价值。一个公众号如果发母婴的内容，就只能专门发此类内容；如果发时尚的内容，也只能在时尚领域深挖。用户对于一个公众号的需求非常单一，不需要一个号既谈时尚，又谈汽车。

在诸多内容领域里，房产、汽车、财经号因为大多数是高净值用户关注，所以能获得更高的广告价值；母婴类账号，因为用户高度精准，也能获得较高的广告价值。

从微信朋友圈变成微信"工作圈"后，微信公众号的投放价值开始被广泛认同，这主要是因为，大家发现，原来朋友圈是可以被刷屏的。支付宝早期就投放了艺术类公众号"顾爷"，由此创作出《凡·高为什么会自杀》这篇值得记入新媒体营销史的刷屏级原生广告。

当时，谈论微信公众号营销，必谈的一个词叫 10 万 +，因为公众号至今公开阅读数最高只显示到 10 万 +。

当时，谈到企业蓝 V 的行业代表，都会提到"杜蕾斯"这个公众号，与其说这是一个企业公众号，不如说是由企业全冠名出的一本电子两性时尚杂志。从这个角度来看，"杜蕾斯"给很多企业号启发，就是做"读物型内容"。

除了读物型内容，海尔公众号早年间的做法，也给了很多企业号灵感。2015 年 11 月 16 日，海尔订阅号发布了《海尔订阅号面向全世界招租》一文，公开"招租"。"招租"的服务包括：一条高级广告文案、订阅号首页底层菜单栏链接，以及可能出现在任何一篇推送结尾的 banner 广告（横幅广告）。第一个登上海尔广告位的是小帅 UFO——一个小型电影放映机。

从深层次来看，海尔"招租"的意义，其实不是企业蓝 V 号也能收到广告费了，而是我们可以从中找一些企业蓝 V 号运营的新灵感——至少可以从两方面再对此事进行联想。

第一是非强竞品关系的企业，完全可以打通彼此的客户资源，再顺势调动一波话题营销。这一点在后来的"跨界联名出网红"的风潮中得到了部分验证。拉面说和999感冒灵推出了暖心鸡汤面，大白兔联名气味图书馆推出了香水，六神联名RIO（锐澳）鸡尾酒推出了花露水包装的鸡尾酒。

第二是企业可以为自己的产品或者服务代言，改变了只能依靠媒体、KOL传播的情况。这一点在几年后企业直播带货、私域流量搭建中也能得到验证。

微信公众号让很多人第一次意识到，原来真的可以"人人都是自媒体"，这个"人人"，当然也包括企业。小米科技联合创始人黎万强说过："每个公司都是自媒体，企业营销不做广告做内容。"

2016年7月，新世相和航空管家打造的"逃离北上广"，引发了从未有过的新媒体营销讨论热度。这篇《4小时后逃离北上广》的公众号文章，3小时阅读量破百万，让企业再次看到了社交传播引爆话题的能力。

2017年，微信小程序上线，而到这个时候，企业对于新媒体的主要认知还是"双微"，即微博、微信。

2. 抖音、快手横空出世，短视频时代降临

2018年，对于新媒体行业来说，是颠覆认知的一年。这一年的春节，很多人都沉迷在抖音中不可自拔。抖音的"喂养式""来了就别走"的产品逻辑，与微信公众号"筛选式""用完即走"的产品逻辑完全不同。

很多微信生态创业者、公众号KOL开始尝试做抖音，但一年之后，行业就流传起了一句话，叫"早年间做公众号赚到的钱，都赔在做短视频里了"。

运营者很快发现，抖音是一个算法机器，如果仔细观察，会发现大部分企业抖音号，即使粉丝很多，但视频点赞量与粉丝量一相比，数据低得可怜。即使到了现在，企业都没找到合适的办法解决点赞量偏低的问题。

因为抖音内容的底层逻辑就是娱乐，与精心抓取用户眼球的娱乐性内容相比，企业号能做的太少了。但很多企业还是把抖音升级为新媒体布局的核心，此时，提到新媒体改称"两微一抖"，因为抖音的用户数、用户在线时间、

活跃度都太高了。

很多企业会花大量预算直接投放抖音 KOL 广告，一方面是基于抖音的海量用户，以及算法对用户画像的精准定位，能够筛选出精准客群；另一方面是因为抖音可以"创造"网红概念、制造潮流。

如果说抖音 KOL 的主要收入来自广告、来自 B 端，那快手 KOL 的主要收入就来自 C 端。企业在快手投放的整体预算远少于抖音。

快手内容的底层逻辑偏向励志和致富，快手很多大 V 本身就是商家，而且用户的黏性比抖音高。快手 KOL 的收入主要来自直播打赏、直接卖货或者佣金、分销收入。

所以，这再一次验证了，不是企业要选什么样的平台，而是用户在哪些平台，这些平台上需要什么样的内容，企业就要做什么样的内容。

3. 直播带货爆火，新的商业赛道形成

2019 年对于企业来说，又是快速接收到 N 个新词语的一年。这一年新媒体行业普遍提及"KOC（Key Opinion Consumer，关键意见消费者）"，而"私域流量"也是在这一年被频频提及，另外，淘宝直播开始进入大部分企业的视野。

2019 年 3 月，薇娅单场直播成交额突破 1.5 亿元。对于淘宝直播而言，它走入企业眼中，离不开"一哥李佳琦""一姐薇娅"的影响。而薇娅、李佳琦的卖货神话，对于主播端和企业端，都起到了极大的宣传作用。

依托淘宝的卖货场景，主播更像是过去电视购物中的导购员，而与过去不同的是，企业真的需要拿出诚意的全场低价，毕竟一键比价在如今的手机上是很容易实现的。

在这个场景中，销量的关键主要取决于两方面，第一是主播的流量——越大越好，第二是企业的折扣价——越低越好。但从平台的产品逻辑来说，成交的最根本原因，还是用户的消费意愿，用户来淘宝直播，就是为了看主播讲货的，就是带着消费预算来的。用户对这种直播并不反感，也不会像在

其他平台上一样，本来只想看看让自己放松的视频，冷不丁出现了一个广告，瞬间就想退出。

淘宝直播主播给每个产品的讲解时间并不长，而且主要集中于产品实物体现，最终引导用户下单的其实还是折扣，所以在品牌认知层面，除非是企业坚持长期自播，如果只依靠一次折扣带货，直播带货很难达到品牌营销的目的。

这些新媒体渠道，之前企业的配置可能并不完善，但在经历了 2020 年企业运营线上化的探索后，很多企业都开始了数字化转型之路，而其中新媒体渠道作为一个核心的营销渠道，也开始被重点经营。

二、B 站对企业有哪些潜在价值

回顾了其他几个主流新媒体渠道在企业营销中承担的角色，以及过去几年的新媒体风口始末，我们再来看看 B 站与其他新媒体平台的区别有哪些。

其实企业选择搭建企业号和投放平台，本质上要看平台的属性，看平台适合怎样的玩法，可能在公众号上适合的方式，在 B 站就完全行不通。

而 B 站与微信公众号相比，更弱的一点在于社交传播性比较小。B 站用户之间的好友关系非常薄弱，很多现实中关系很好的朋友，彼此并没有 B 站好友。在公众号可以玩的集赞、裂变，在 B 站这个平台根本无从实现。所以，微信公众号的分享传播逻辑、社交传播逻辑，在 B 站并不适用。

B 站也在图文类内容方向发力，有"专栏板块"，但相比于微信公众号，B 站专栏的价值还没有完全发挥出来，或者说还没找到自己的优势。因为做视频与写文章，其实是两种完全不同的思路。视频能否成功，一大半是在镜头表现力上，可能同样的脚本文案，不同的人演绎、不同的演绎形式，播放量就天差地别。

2020 年 B 站出圈，B 站官方面向企业重点强调的词其实是"Z 世代"，宣传的着力点是：年轻人都在 B 站。但这一点并不能成为企业入局 B 站的根本性理由。

B 站对于企业的价值，主要应在于内容信服度、内容容量高、社区互动率三方面。至于应用层面，就要看各个企业的实际发挥了。

从内容信服度来看，B 站其实有点像视频版的公众号。

公众号投放中，除了社交传播这个点，还有一个很重要的点，就是 KOL、专家背书。公众号在粉丝面前，多少还存在一定的行业 KOL、专家的色彩，粉丝认为公众号的内容是具备一定的可信度的。

抖音、快手主打的都是一分钟左右的视频，因为视频长度限制、内容属性限制，所以对于 KOL、专家感塑造，就显得略为苍白。

自从 2020 年 6 月 B 站上线知识区后，出现了一批内容质量非常优秀的知识类 UP 主，并且有不少是垂直行业的从业者，如医生、律师、学者、媒体人等。长视频能够更完整地呈现 UP 主的专业知识，而且 B 站的用户不会随意关注一个 UP 主，他们对于要关注的 UP 主要求非常高，即，UP 主必须获得用户的认可，才有可能被关注。

从内容容量上来看，公众号的长文可以从多维度为企业做解读，不管是从行业视角还是从品牌视角、产品视角，都能有对应的账号把相关问题说得非常清楚。不过创作者也要清楚，信息量过多的内容，不管是文章还是视频，都会让用户有疲惫感。

B 站与其他短视频平台相比，最神奇的地方在于，哪怕是长达十几分钟，甚至几十分钟的视频，用户依然能看到结束，把进度条拉到最后，弹幕依然有很多用户留言。

B 站用户是可以接受十几分钟的长视频的。8 分钟左右的视频、语速稍微快一些，脚本文案大概需要 3 000 字，也就是说，内容容量 1 万字的视频，在 B 站上是会被不少有耐心的用户看完的，也会有不少拥趸。

B 站最不可替代的属性，其实是极强的互动性社区氛围。

在其他平台，用户表达态度只能通过点赞、评论，一篇阅读量 1 万左右的微信公众号文章，留言可能只有十几个，甚至几个。而在抖音，1 万播放量的视频下，很可能点赞不足 1 000，评论更是寥寥无几。

但在 B 站，一支播放量 1 万的视频，弹幕、评论可以高达几百个。而且相比于其他短视频平台，B 站评论区的留言容量也非常高，用户对于视频是真正有态度并且乐于表达分享自己的态度。

三、B 站在企业新媒体全面构建中，可以承担什么

B 站在企业新媒体全面构建中，可以承担以下两方面的作用。

1. 更直观的用户运营反馈

在分析新消费行业品牌时，行业会提到一个词，叫 DTC 模式，即 Direct to Consumer，直面顾客运营，品牌方直接接收来自顾客的需求，并与顾客搭建直接的消费渠道，没有中间商赚差价，顾客自己决定他们想要什么样的商品。

获取顾客需求——反馈生产——回收销售数据和评价——再分析反馈生产，这种运营模式对企业来说，省去了大笔的投放、代理、渠道费用，也省去了积压库存的风险。

目前，这种运营模式虽然在 B 站没办法完成闭环，但完全可以作为前期的定向画像反馈收集渠道。B 站的弹幕机制，让用户养成了对视频做出实时反馈的习惯。在弹幕集中点、弹幕梗点中，可以获得其他平台目前无法获得的即时反馈。

相比其他平台，B 站用户互动的积极性更高。我们在上文中也提到，一支播放量 1 万的视频，在 B 站上可以获得上百条评论、上百条弹幕。企业 B 站号完全可以承担"用户俱乐部"的角色。

用户和品牌的连接，除了品牌对用户的单向输出之外，是存在用户和用户之间的连接的。品牌通过产品、广告、品牌文化影响用户，这些虽然也很重要，但相比于从上而下的传播，从身边人身上获得的案例才是最直接的。

所谓的网红店，除了被 KOL 种草外，其实更多的"种草"来自身边朋友发的朋友圈，或者是一句：最近这家店很火，我们下班去看看。

2. 激发更广泛的用户二次创作

相比于其他短视频平台，B 站 UP 主的创造维度更丰富，会通过动画、VLOG、评测等多重维度进行表达。

2020 年第四季度，B 站月均活跃 UP 主数量达 190 万，同比增长 88%；月均视频投稿量达 590 万，同比增长 109%。

目前，在各个内容平台的营销中，都呈现出一个趋势，就是从过去的KOL（也就是之前常说的大 V 概念），转移到 KOC（有一定影响圈层的普通用户）。

在 B 站过去的社区氛围中，即使粉丝量很高的 UP 主，与粉丝的关系也是相对平等的，无论是 UP 主还是粉丝，大家都是社区平等的用户。所以，很多用户在发现粉丝量不高但内容质量很高的 UP 主时，会很高兴，觉得自己发现了"宝藏 UP 主"。

在这样的社区氛围下，很多用户也会上传自己的视频，B 站也在通过各种维度、各种领域的视频（比如，汽车、宠物、健身等领域的有奖投稿），激发不同爱好层用户的创作动力。

相比于其他平台向大 V 倾斜的流量机制，B 站对于"素人"UP 主一直非常友好，也在通过"新星计划"——只有粉丝量在 5 万以下的 UP 主才能参与的定向投稿活动——培养"素人"UP 主。

B 站直播带货的能力还没有展现，主要是两方面决定的。

第一是主播。目前，B 站的主播，基本是游戏主播、娱乐主播，跟严格意义上的电商主播其实相差很大。就算用户下单，可能也是冲着支持主播的心态，但也就支持一次，下单用户对品牌依然没有认知，很难产生复购。而更具备"种草能力"的，其实是短视频 UP 主，但目前短视频 UP 主制作视频就已经消耗了大部分精力，如果没有团队支持，很难再腾出时间进行稳定直播。

第二是平台功能。目前，B站平台方没有很完备的直播带货功能，转化的渠道依然是以打赏这种逻辑为主。

那B站就不适合做直播带货了吗？其实不然。B站直播带货的逻辑，并不是打折出清，而是帮助品牌强化认知。

我们需要知道一点，如果一种需求，已经有产品做得很好了，就可能不需要第二个功能一模一样的产品了。

在带货这个层面上，淘宝直播，甚至微信生态的私域流量，都依靠"打折"做出了成绩。这两个平台略有不同，淘宝主播背靠精准的卖货场景，而且头部主播已经聚集了几百万、几千万甚至上亿的流量；企业微信、私域流量的用户群，其实是来自对企业已经有认知甚至已经产生购买的客户，所以更多是集中于复购的运营、顾客的深度运营层面。比如，私域流量、KOC运营的标杆性品牌——完美日记，会在每个产品中留下客服二维码，把客户转化到企业微信、公众号的私域流量池中，再通过折扣优惠或者产品更新等方式让用户留存复购。

在这一点上，企业可以参考的是，只要客户第一次与企业发生交易，就要把客户争取转化为复购用户。

另外，很多B站UP主有自己的淘宝店，在发展到一定阶段后，UP主也可以成为商家。

四、B站企业蓝V号运营笔记

企业号又称为蓝V号，截至2021年1月，据不完全统计，B站粉丝量超过10万的企业号大约在260个。

在不同的平台，企业新媒体账号承载的作用不一样。公众号主要是品牌背书和影响力，现在也有一些公众号、服务号，结合企业微信，共同承载老用户留存的功能；微博主要是用户反馈互动；抖音是广义的社会化营销；快手则存在很高的出货价值。

Demi 是一家招聘网站的市场负责人，在相关行业有 8 年的工作经验，2018 年开始关注新媒体营销。Demi 的部门工作中，涉及企业新媒体渠道搭建，目前在 YouTube、微信生态、B 站都有自建账号。

因为她负责的业务主要面向留学市场，所以之前她一直都在运营 YouTube，YouTube 的用户年龄层主要是 25 ～ 35 岁。虽然留学市场的受众也包括职场人，但还是以更年轻化的学生为主，B 站整体的用户群更符合 Demi 所在公司目前业务所面向的年龄层。

现在 Demi 的视频团队有 3 个制作人，每周要在视频号、B 站、YouTube 等渠道产出 5 支视频，视频会根据平台调性调整。团队成员也偏年轻化，创意也更适合 B 站。

综合以上两个原因，Demi 带领同事探索 B 站企业号搭建。虽然他们只发了少量视频在 B 站企业号上，但从播放量来看，要比 YouTube 同期高 30% ～ 40%。

Demi 负责的企业号的考核指标主要是粉丝转化，对于市场转化或者说销售转化目前没有要求。

在 Demi 看来，做企业号还是要考虑产出比的，要权衡人员配置、投放导流 ROI（Return of Investment，投资回报率），视频最终有多少播放量、多少新增关注是重要指标。如果花 100 元能转化 10 个粉丝，而花 1 万元就能转化 1 万个粉丝，从转化角度，虽然 1 万元花费更多，她也倾向花 1 万元。

在内容策略上，Demi 也没有在内容中做品牌硬广告，而是以"原生"UP 主的身份运营账号，主要是希望通过垂直内容聚拢企业潜在客户群。

此前在企业号运营上，Demi 团队也尝试过通过投放的方式给企业号导流。比如，在小红书上，团队就投放过 KOL，发布留学知识，推荐导流给企业公众号或者其他视频账号，也有一定的转化率。

站在企业方的角度，做企业号没有办法像 UP 主一样自由，企业号也没有办法像 UP 主那样完全按适合自己的"人设"规划内容，按适合自己的节奏产出视频。但是 B 站企业号在强化品牌认知方面有独特的优势，也能承担"用户俱乐部"的角色——帮助企业连接用户、连接需求。

江江在新媒体行业有 4 年的从业经验，历经公众号、短视频等内容形态，曾在某快消饮品头部企业负责对外商务合作。

在他看来，B 站用户互动率比其他平台都要高，相比于视频的精细度，大家更在意的是内容的有趣、有用。无论从网感、玩梗，还是对于细分垂直品类的了解，"95 后"的年轻人在 B 站运营上更有优势。当下年轻人大多愿意尝试，想到了就会快速执行，而不是一直纠结于是否会成功，他们觉得做了才会有机会成功。

江江会分析各平台的内容传播逻辑，并根据市场敏感性，通过最小化的内容测试，进而反馈给内容方面的同事一些有增长性的话题点及策略。

他认为企业蓝 V 号，确实需要先想清楚"人设"，但也不能在第一天做了之后就不敢变化，不接受变化，"人设"不是一天能立起来的，很多账号都是经过了很长的摸索期，才最终找到合适的定位。

对于企业来说，在消费品营销渠道选择上，还是要先做人群画像，不同品类对应的营销平台不同，比如，滋补类产品就很难在 B 站推广。在新进场一个平台前，创业型企业要看自己是在"教育"市场普及品类认知，还是可以从品类转化到品牌认知，直接面向用户做营销。千万不要花了很多钱做品类普及，之后才发现后入场的竞品，在你的市场预算下，接棒开始做自有品牌认知。

此外，做营销前，要先思考产品场景在哪里，如果企业的产品是大众都需要的东西，还要考虑线上渠道和线下渠道的优势在哪里。

所谓新消费品牌，要先理解人的需求，产品要满足哪些人的基本需求，但要分辨这是真实需求还是伪需求。伪需求，举例来说，最近有一些精装谷物高级套餐，主打卖点是省事儿、健康配比，给原本很少做饭的白领准备的独立包装产品。但这个概念针对有做饭需求的人群是无意义的，有做饭需求的人还是愿意买一整袋大米，自己组合好几种食材；而如果平时不做饭的人，买了这种套餐依然很少做，这类人希望解决的痛点是一次见到效果或者解决从米到粥的这件事，不然往往是做了一次就没有下次，这样的需求就很难场景化，很难有复购。

其实对于很多企业来说，都是 2020 年才开始接触 B 站企业号的，上手后才发现，相比于双微一抖，B 站的运营难度要更大。

首先，很多企业号前期主要通过发福利或者插入服务功能来冷启动的，但 B 站对于"抽奖"等福利非常克制。个人 UP 主做到十几万粉丝了，才可能开启互动抽奖功能，且每个月只能抽一次。B 站不允许在视频中提到类似"转发视频抽奖、关注我抽奖"这种内容。

其次，抖音可以买"抖+"、微博可以买"粉条"，这样的方式在 B 站也很难行得通。虽然 B 站可以为商业视频买"起飞计划"，但是在强制推给用户的信息中，B 站依然会给用户自己选择是否点击。

微信生态可以通过裂变、社交驱动、社群进行初期获客和传播，这些在 B 站也行不通。在其他平台，企业号互带——大号转发、推荐小号是可以启动的；直播连麦、榜一大哥是可以带粉丝的，这些在 B 站还是很难实现。

换个角度来说，能在微信生态、微博、抖音上做的事情，没必要重新来 B 站做一遍。所以企业其实应该先想清楚，B 站企业号在整体新媒体矩阵中，到底承担的是什么角色？是作为泛意义上"Z 世代"用户品牌宣传工具，还是针对定向目标用户的聚拢工具？是作为用户互动、收集真实反馈的渠道，还是作为投放后的转化导流留存渠道。

在 B 站，更多企业蓝 V 号的营销，还在探索阶段，可能只有"品牌在'Z世代'影响力的突破"。

目前，现有的 B 站企业号具体突破情况如何？突破之后要做什么呢？

首先，我们了解一下企业号在 B 站的基本情况。

在 2021 年 1 月 B 站企业号品牌榜单上，将企业号分为汽车、3C 数码、美妆、游戏、教育、网服六大类。而汽车榜有小鹏汽车、奥迪等车企，也有懂车帝 App、汽车之家等汽车资讯平台；3C 数码包括华为终端、小米公司、荣耀手机、联想拯救者官方，ROG 玩家国度（华硕电脑官方号）等，主要以手机、电脑为主。

当然，这只是初期分类，有一些大类没有归入，比如，房产、酒饮、食品等。

企业做 B 站企业号，在内容层面尽量不要把自己放在官方号的角度，即使必须要有官方号的角度，也可以启动几个账号，至少有一个账号是要把自己看成是垂直领域的 UP 主。比如，汽车企业，可以做一个说车讲车或者汽车旅行的账号；美妆企业，可以做成分揭秘、探秘工厂等相关选题；手机厂商，可以做黑科技类测评。

相比于其他平台，企业在入局 B 站之前，需要先分析站内是否已经有"企业梗"，比如，旺旺集团的很多经典广告，都是站内的梗，"三年四班的李子明同学"；还有喜之郎的"太空人梗"，原版是"长大以后我要当太空人，爷爷奶奶可高兴了，给我爱吃的喜之郎"，被无限排列组合，出了好几支百万播放量的视频。

第二节　企业 B 站号运营拆解

企业 B 站号的运营，第一步其实是寻找品牌在站内最合适的表达方式，顺应站内文化，找到最合适账号的运营点。当时小米就以 "Are you OK" 作为切入点，与 B 站网友迅速玩在了一起。这些我们会在这一节中做详细解读。

一、小米如何打造 "B 站味儿" 的企业号

B 站的数码科技内容，一直有一批忠实的粉丝、电子产品发烧友，他们是站内早期用户。以手机为例，华为、小米、一加、OPPO、苹果，几乎各种型号都能找到 UP 主自发的测评视频。

从最近两年开始，不少电子科技品牌也开始入驻 B 站，其中以华为和小米最有代表性。

运营企业号，其实有两个方向性策略：第一是顺应用户本来的印象；第二是改变用户本来的印象。

后者的风险和难度比较大，所以大部分企业号都是从用户既有的印象点中，选出有利于企业营销的点。华为的企业号偏正经、科普，小米的企业号偏活泼、打趣，这些是来自用户本身的印象点。而用户对产品的感觉，与产品定位、用户定位、slogan、代言人、广告……甚至品牌创始人气质都相关。

我们接下来分析一下，华为和小米的 B 站企业号运营策略有何不同。

1. 华为：海量开号、正经科普

华为在 B 站上有一系列账号，其中粉丝最多的账号"华为终端"，截至 2021 年 2 月初有 101 万粉丝。

除此之外还有华为、华为开发者联盟、华为招聘、华为云、华为小姐姐聊 5G、华为光网，以及华为数据数据通信、华为花粉俱乐部、华为财经、华为商城、华为计算等十余个以官方品牌命名的账号。

"华为"作为话题标签，在 B 站订阅人数达 4.4 万，总浏览量近 4 亿，讨论达 177.5 万。官方号整体内容策略偏"正经"，属于传统企业号，会做新品功能阐述、技术讲解等选题，调性以科普、正向宣传为主。此外也会与 UP 主在线上直播、线下活动等维度合作。

2. 小米：用"B 站味儿"的运营做企业号

相比于华为的正经路线，虽然也拥有一系列 B 站官方号（小米公司、小米商城官方、小米情报官、Redmi 官方、小米 MIUI、ZMI 紫米、小米有品、小米服务、小米主题、小米集团招聘、小米之家官方），但小米的 B 站运营显得更"皮"一些。

小米集团创始人雷军本人也在 2020 年 7 月入驻了 B 站，8 支视频涨粉 120 万。

小米在 B 站上的运营策略，简单来说，就是与年轻人一起玩。小米在 B 站上的流量，很大一部分来自创始人雷军。雷总当年的"Are you OK"，在 2015 年、2016 年曾是 B 站视频广为应用的灵感源泉和二创素材。

2015 年 4 月 30 日，B 站 UP 主 Mr.Lemon 上传了自己创作的一支视频，《跟着雷总摇起来！ Are you OK！》，播放量高达 3 600 万，最终被收录进"入站必刷 78 大视频"。视频原素材是 2015 年 4 月 23 日，小米印度新德里新品发布会现场，当时发布的产品是小米手机 4i，很多人可能并不知道这款手机，但多少都跟着《Are you OK》这首"神曲"的节拍打过点儿。

评论区中，"小米公司" B 站企业号 2016 年 9 月姗姗来迟，而它的开玩笑式评论道：万恶之源……被点赞近 45 万次。

小米公司 B 站企业号，从 2016 年 2 月就开始运营了，截至 2021 年 2 月粉丝超过 130 万，共发布视频超过 400 支。目前播放量最高的视频是 2017 年 8 月发布的很有 B 站味儿的一支视频。

视频的素材是小米 5X 发布会，评论区有一条点赞 1.6 万的网友评论说，正是因为创始人对于 B 站文化的理解，甚至还把自己弄成了官方代表，让他认为这是一家很酷的公司。

在 B 站，雷军已经成了单独的站内频道，订阅人数高达 4.4 万（小米的订阅是 5.4 万）。

目前，在这个频道下一共有 3 万支视频，其中 274 支是精选视频，累计播放达到 7.9 亿。这个播放量可能在其他平台算不了什么，但在播放量更金贵的 B 站，这个量就显得可观了。

在雷军频道下，还有一个标签是 "Are you OK"，相关视频 388 支，精选视频 32 支，约占 1/10，总播放量达到 1 亿。从播放量来看，"Are you OK" 给雷军带来了第一波站内流量，他的团队也完美地接住了这波流量。

2020 年 7 月 30 日，雷军发了一支视频，官宣入驻 B 站，B 站董事长陈睿在评论区留言：哈哈欢迎雷总。这支频下除了有小米在 B 站上的一系列账号的互动外，还吸引了一些企业蓝 V、科技数码 UP 主等留言互动。这支视频播放量超过了 600 万，弹幕 4.3 万，开头飘过了一片 "Are you OK"。

六七个月过去后，这个账号只更新了 8 支视频，即使如此，截至 2021 年 2 月，雷军的 B 站账号依然有 120 万粉丝。

其实早在 2016 年 5 月 10 日，小米就在 B 站上做过一场"超长待机"的直播，直播标语是"我们也不知道这次直播什么时候结束"，目的是宣发小米 Max 手机的"超长待机性能"。

直播内容是：一部小米 Max 在插卡联网的情况下，从满电到电量清空的过程。这个每隔一小时一看的手机放在直播间后面的桌子上，直播间内还有各位 UP 主（当时主要是舞蹈、游戏区 UP 主）参与互动——表演节目或者几个人一组聊天。

直播间还有工作人员随机出镜，甚至搭帐篷、点外卖（此处可能为植入广告）、吃肯德基（此处可能为植入广告）、睡着了打呼噜，都会出镜。

直播玩法是：每到整点就点亮一次屏幕（每天点亮 13 次），如果还有电就抽奖送手机。第一天每小时送 1 部，第二天每小时送 2 部，第三天每小时送 3 部，以此类推，一直到手机没电，直播结束。

用户互动规则：弹幕抽奖，直播等级到 1 级的用户就能参与抽奖，开奖前 10 分钟发送弹幕口令。

截至直播开始的第 114 小时，根据 B 站官方数据，直播观看人数超过 1 000 万，弹幕总数 8 000 万，共送出了 251 部小米 Max 手机。最终这场以"从满电到没电"为直播时限的活动，历时 19 天才结束，总观看 4 000 万人次。

企业直播需要走直播商业报备，违规会被封播。企业没办法自行设置直播商业报备，只能联系官方直播工作人员进行报备。

当年那场直播，是在 2016 年的 B 站进行的，彼时的 B 站注册用户、日活月活、头部 UP 主粉丝数、UP 主商业合作报价都不高。对于小米和 B 站来说，都是一种尝试，如果放在今天再进行这样的一场活动，估计企业出的预算要高很多。

对于这次直播的效果，小米应该是满意的，因为一年后，小米 Max2 依然选择了在 B 站超长直播这种形式。小米 Max2 的直播，从 2017 年 5 月 25 日开始，一共持续了 31 天，总观看人次 8 500 万，弹幕总数 4 亿。

企业号在 B 站上的粉丝增长情况其实不是按入驻时间长短来看的，主要看视频发布情况。比如，同样是 10 万粉丝，发了 10 支视频达成和发了 100 支视频达成，肯定是 10 支视频的 UP 主更有增长潜力。

相比于雷总，演员高圆圆在 B 站的粉丝增长就不太理想。高圆圆在 2021 年 1 月 8 日入驻 B 站，到 2 月 6 日期间更新了 9 支视频，每支视频的时长都超过了 5 分钟（视频内容还是很走心的），但截至 2021 年 2 月底，粉丝量只有 21 万。

相比于微博当年引入名人的成功运营策略，从目前来看，B 站网友似乎对于名人、明星没有那么大的关注欲。

微博只需要发很短的文字、图片，有时候甚至一条转发、一个点赞，都可以代表一种信号的传递。相比于此，在 B 站发视频对于名人来说，确实有些复杂了。

二、有麦当劳的地方，走两步一定能找到肯德基

有人说，现在做营销越来越难，因为网友的梗点、笑点越来越高；也有人说，现在做营销越来越容易，一不留意就引发了槽点、爆点。麦当劳、肯德基营销就多次引爆话题。

1. 麦当劳：一场直播涨粉 14 万，靠撒百万元免费炸鸡

早期，麦当劳在 B 站上的策略，其实与它的官方公众号一样，都是以撒优惠券为主。2020 年 4 月 13 日，麦当劳在其官方微博、公众号上宣布将发布"5G 新品"，并在 4 月 15 日开启 24 小时的"全球首发"B 站直播，开启了麦当劳在 B 站上不一样的营销策略。

麦当劳在微博上连续发的几张海报，都是"手机风"，黑底色、白字、金色抽象符号，海报上的文字是"超大广角、诚意巨制""清脆音质、声入人心""新鲜解锁，超感体验"。

面对这样的宣发海报，网友开玩笑的重点不是"麦当劳要出手机了"，而是"5G 就是 5 个 G（鸡）块儿？"这样的调侃。谜底揭晓后网友才发现，原来 5G 新品还是炸鸡，叫"麦麦脆汁鸡"，5G 的意思就是 5 个"黑科技"："脆""大""汁""嫩""味"。

4 月 15 日上午，麦当劳中国 CEO 张家茵在 B 站开始直播，这也是她第一次直播。相比于 CEO 出镜，更多网友关注的就是弹幕上飘过的领券口令"我要券""麦麦脆汁鸡"。

继麦当劳 CEO 之后，麦当劳中国产品研发副总裁 Amy 等高管陆续现身直播间，在这场超长直播中，优惠券是随机发送，除了麦当劳高层亲自带货外，直播间还请了美食 KOL、"素人"试吃。

这次麦当劳的直播撒券机制设置得很取巧——弹幕口令抽奖。因为 B 站的直播推荐机制中，很重要的一点就是互动率。

从涨粉情况、传播反馈来讲，5G 炸鸡在 B 站上的直播宣发，其实效果是不错的。百万观看量（在 B 站上是比较高的观看量），当天就涨粉到 14 万。用户主要是看麦当劳到底会直播什么，以及价值百万元的免费炸鸡券。当时在 B 站直播间，麦当劳共准备价值 100 万元，总计 8 万张免费炸鸡券，平均一张 12.5 元。

对于更多 B 站用户来说，可能一开始并不知道麦当劳有这么个活动，只是当时直播间飘过的超高弹幕领券口令，把直播间推到更高的推荐位，才点进来看看直播间发生了什么。

2020 年 7 月 6 日～8 月 4 日，麦当劳又在 B 站开启了连续 28 天的直播活动，活动名字叫"夏日追光计划"——每天清晨在不同城市直播日出。活动受众也是青年、少年群体。

整个活动的口号是：寻找诗与远方。从洱海到龙脊梯田、从东极岛到紫金山，直播中会随机公布领券密码，可以领到早餐 6 折优惠券，用券前需要注册麦当劳微信会员。每天直播 1 小时，每次直播发 2 万张早餐优惠券。

以一期海报宣发为例：第 15 站，重庆，山城一隅，光照楼宇。日出06:06，距离最近的麦当劳餐厅 766 米。

这次直播活动其实要比上一次直接撒券更有策划感，让在不同城市按部就班生活的人，能在同一时间，看到"远方"的日出。

在类似"寻找诗与远方"的活动中，此前新世相和航空管家策划的"逃离北上广"，已经成了"教科书"级的案例。"逃离北上广"是行动，而不只是观看。如果只是观看直播，其实并没有那么强的吸引力，现在用户已经被各类营销冲击得审美疲劳了，必须要加上行动触发，才会引爆流量。

2021 年 2 月，我们再看麦当劳的 B 站官方号，距离第一次 B 站直播过去了快一年，粉丝只从 14 万涨到了 18 万，日常视频的播放量只有 3 000 左右，而且视频也都是"广告感"更强的 1 分钟视频。

我们在上文中提到过，企业在 B 站上做账号，第一点就是要把自己当成 UP 主，而不是广告主。

2. 肯德基：优惠券的吸引力到底有多大

江湖有传言，有麦当劳的地方，走两步一定能找到肯德基。

麦当劳官方号 2020 年 4 月 1 日在 B 站发第一支视频，4 月 15 日进行了效果奇佳的直播，而肯德基官方号 4 月 21 日就在 B 站发了第一支视频。

截至 2021 年 2 月底，肯德基一共发布了 71 支视频，但相比于麦当劳针对 B 站生态的专门设置，肯德基早期发布的都是 30 秒左右的竖屏视频，再或者就是广告片。尽管如此，截至 2021 年 2 月底，肯德基依然有 15 万粉丝。

我们来继续来看看肯德基与 B 站在此前的合作情况。早在 2017 年 7 月，肯德基就赞助了 Bilibili Macro Link，这是 B 站一年一度的线下演出盛会，那一届与肯德基一起出现的赞助方还有中国联通、AJ、统一阿萨姆、高洁丝、美宝莲等。当时肯德基还推出了买套餐送 B 站徽章的活动，肯德基一共准备了 10 万个徽章。

2020 年 5 月 29 日～6 月 5 日，肯德基的新品"干煸风味小龙虾塔可"也选择在 B 站上做营销，赞助 B 站，还与 B 站联合发起了一期有奖投稿活动，一等奖是一个任天堂 Switch、二等奖是 10 个 SKG 颈部按摩仪、三等奖是 20 个 B 站年度大会员、四等奖是 50 个肯德基 100 元礼品卡。UP 主上传带话题标签的视频、动态，就视为参与活动，最后按点赞数排名统计。

其实肯德基、麦当劳的受众与 B 站的受众高度重合。肯德基、麦当劳在"90 后"的成长过程中留下了很多印迹，也是与很多回忆挂钩的。

"90 后"小时候的肯德基爷爷、麦当劳叔叔，儿童餐附带的玩具，土豆泥、原味鸡、巨无霸、巧克力圣代，这些记忆本身是自带黏性的。我们在上文美食区的分析中，也提到了美食本质是与情感、记忆挂钩的。

在"90后"的认知里，肯德基、麦当劳是小学时候的"考试奖励"、中学时代的"星巴克"，也是写作业、约会、聚会的碰头地点，更是刚上大学时勤工俭学的标配，而正式工作之后又赶上它们12元、15元的特惠套餐，连券都不用领，比记忆里上学时候的价格还便宜。所以，肯德基、麦当劳在"90后"中的传播性和吸附力是别的快餐品牌不能比拟的。

从麦当劳和肯德基的营销传播策略中，我们也能够看到媒介传播的演变。最早的时候麦当劳、肯德基是通过投放大批量的电视广告，投放公交车站、地铁站、电梯广告来吸引消费者。

随着网络的发展，麦当劳、肯德基所针对的年轻用户——"90后"看电视的人越来越少，取而代之的是去网站上看剧，于是，麦当劳、肯德基就去买剧的贴片广告、去买网站的广告、去赞助热门节目。

而进入自媒体时代，年轻人选择刷微博、看公众号、刷抖音，麦当劳、肯德基也随之改变，开始在这些渠道上自建账号，去投放这些渠道上的KOL、投放这些平台的信息流广告。当然，它们的公众号运营策略其实也很成功，虽然公众号的主要功能就是发优惠券。

在"90后"的成长过程中，可能到10岁左右就有一些自己能支配的零花钱了，可以自己决定把这笔钱花在哪里。当然，这基本已经到2010年以后了，这时候，用户对肯德基、麦当劳的认知也从刚进入中国时的"昂贵的洋快餐"发展到了"便宜的快餐"，肯德基、麦当劳也不像"90后"小时候那么难以取得了。

不少"90后"会觉得，如果没有优惠券，宁可不吃麦当劳、肯德基，总觉得原价买太亏。当然，这些优惠券也很易得，每次出了新的优惠券就放在收银台边上，工作人员也很鼓励客人用券。

所以，在搭建企业新媒体渠道时，肯德基、麦当劳选择了一条最容易，同时也是用户最需要的方式——发优惠券。目前看，最好的优惠券载体还是公众号，因为公众号可以用图文把新品和规则说清楚，领取使用优惠券也很方便，还可以在微信里把优惠券直接分享给好友。

最近两年，肯德基、麦当劳除了鼓励用户用小程序下单（利于线上化运营），还会在门店、外卖单上鼓励用户加企业微信群（引导依然是优惠券）、下载 App。

2020 年疫情对实体行业的冲击，使得很多企业着急开启数字化转型、用户线上化运营，尤其是餐饮企业。因为过去企业是被动地迎接顾客，知道有顾客来店，但不知道这些顾客是看了哪里的广告、被哪个新品吸引、不同年龄的顾客倾向点哪些单品或套餐。这也是很多新媒体企业都标配会员卡的原因之一，用户要领取会员卡，就需要告诉企业自己的性别、年龄、所在城市……这些都会帮助企业了解是哪些顾客买了什么样的产品。对这些基础数据做分析后，就可以定向推出更符合主流用户的营销策略和产品。

过去顾客走进肯德基，点单离开，下次可能饿了的时候旁边正好有一家麦当劳，就会进入。但现在顾客会先在口碑、大众点评、企业官方号上搜索哪家的优惠力度更大，或者因为抢到了哪一家的优惠套餐，选择再走两步去这家门店。

其实企业的经营者都知道，企业无常青，十年对于一家企业来说，已经是比较长的时间了。如果企业只固守过去的成绩，不积极适应顾客需求和市场的变化，早晚都会被市场淘汰。

近年来，因为社交媒体的发展，出现了"网红店"的概念。这些店适合拍照、适合打卡、适合作为社交标签，但红得越快，竞争压力也越大。因为产品本身的竞争门槛在当下来看，其实是越来越小的，模仿成本也不高。

十年前大街小巷都风靡过"土家掉渣饼"，烤饼上撒葱花肉末，好吃便捷。最火的时候，一条街上能有三四家"正宗掉渣饼"。但这种食物的制作其实是没有秘方或者壁垒的，遍地铺开后，又逐渐消失了。

企业竞争的本质是通过产品或者服务打动用户，社交传播只是辅助形式，如果没有好的产品，再好的传播也无济于事。

三、选择适合企业的运营策略

企业在选择一个新平台之前，首先要对自己的情况进行全面的摸底，看看在哪些平台有账号，各个账号的运营情况如何，是否可以打通互相导流？比如，目前，B站对于引流到公众号、微博等平台，并没有严苛的规定。很多UP主都会在视频中做引流，把粉丝引到自己的公众号、QQ群、微博等。

相比于单一平台运营，全媒体平台运营，显然更能触达不同新媒体平台的核心用户，满足用户在不同平台的诉求。比如，在发优惠券上，目前来看，微信公众号已经非常完善了，这个功能虽然也能在其他平台实现，但不会像公众号一样使用起来这么方便。

不管哪个行业，都有三个核心诉求：留存老用户、开拓新用户、完成新增交易。企业新媒体账号在面向用户时，不应该以吸粉的心态运营，而应该以拉动潜在用户的心态运营。

过去在电视、报纸、杂志上打广告，企业很难知道到底多少人看到了广告，看到广告之后又有多少人有了购买意愿？有多少人是因为这样的广告直接产生了下单行为，下单之后多少人又复购。在新媒体渠道，让企业拿到了更多来自用户的反馈和一手用户画像，只要企业有产品触达用户，无论是实体还是服务，都是一次与用户沟通的机会。

当然，企业也不会完全放弃传统的媒体渠道，还会通过户外广告等形式持续进行营销投放。

对于企业来说，营销投放渠道发生了变化，运营策略也要相应改变。过去面向用户的是经销商、是便利店、是商场的售货员，他们都不是企业的销售人员。新媒体渠道，包括电商渠道，企业第一次直接面向消费者运营，运营策略要随之调整。

企业每年销售上千万、上亿件产品，除了用户本人，还有用户自发面向身边人的口碑传播。比如，完美日记的私域流量运营，经常被营销行业反复提及，在每一件产品中，都会有加微信客服享受优惠的转化引导。

越来越多的企业开始把新媒体从获客转化为运营客户。相比于传统渠道，新媒体依然是被广泛认可的、获客成本相对较低的渠道。

初创企业、创新品牌没有那么大规模的市场投放预算，大多是通过新媒体渠道进行用户认知普及和初始获客。对于已经花过大量市场预算的老牌企业来说，如果能调动老用户的记忆，唤醒他们对于品牌曾经的认知和体验，就能在新媒体渠道实现更快的用户积累。

以"旺旺旺仔俱乐部为例"，截至 2021 年 3 月更新视频 233 支，粉丝数 11.2 万，这个粉丝数在目前时间节点看，是很不错的蓝 V 案例了。

在旺旺 B 站官方号上，播放量最高的是经典广告系列：一人一半的旺旺碎碎冰、倒放的 O 泡果奶广告（倒放后自带奇妙的效果），弹幕上飘过的都是"青回""官方整活"。

这些广告其实承载的是"90 后"一代的成长记忆，放在此处，也是对用户记忆的唤醒。目前，B 站约有 5 000 个用户订阅了旺仔牛奶频道，当年旺仔牛奶广告语中的"三年六班李子明同学"，在 B 站上相关视频播放量近 300 万。

除此之外，还有很多有广泛营销且有足够品牌认知的企业，都在 B 站上开了官方号，比如，绝味鸭脖、良品铺子、别克汽车、自然堂等。

2020 年，B 站评选了十大优秀企业号，这些企业号的粉丝数分别是钉钉 Ding Talk（118.8 万）、腾讯（47.5 万）、拼多多（28.1 万）、荣耀手机（66.8 万）、芬达（7.5 万）、奥迪（4.6 万）、华为终端（99.1 万）、OPPO（37.5 万）、原神（39.2 万）、高能手办团（72.4 万）。

从各方面来看，目前企业号在 B 站还处于蓝海期，竞争相对不激烈，也有很大的发展空间。为了拉动企业号的活跃度，B 站还上线了"远航计划"，免费开放企业号高级功能，如动态空间背景、话题聚合、自定义主页设置、插入商品等，企业要抓住机会。

与个人 UP 主相比，B 站企业号的优势在于，企业其实已经在通过产品触达用户了。企业在 B 站上做内容，首先要把自己当成一个 UP 主，可以是真人出镜的 UP 主，当然也可以是基于原有素材的二创 UP 主。不能只单纯做平台视频分发或者照搬宣传片，效果不好的宣发其实是对企业品牌的消耗。

第八章
投放营销策略

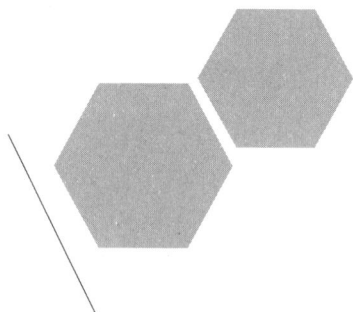

　　曾几何时，新媒体渠道的投放只是企业市场或品牌部门中的一个简单的环节，而这一环节过去一般是外包给公关广告公司来做的。

　　但近年来，企业意识到，新媒体渠道并不只意味着没有任何情感色彩的流量。每一次"点击""观看""转化"，都是一个正在使用终端浏览商品、给出反馈的宝贵用户，所以很多企业也开始自建媒介投放团队。

　　媒介所承担的角色其实是非常重要的，一方面需要了解透企业产品的特点，找出适合不同渠道推广的点；另一方面又需要与各个平台的 KOL 深度沟通，针对每一个 KOL 不同的内容调性，碰撞出企业、KOL、粉丝三方共赢的内容。

　　一个出色的媒介不只要对企业投放效果负责，而且也必须设身处地站在 KOL 的角度去思考问题。如何做好媒介，是企业必须要考虑的。

第一节　选择适合的新媒体投放平台

乔布斯曾经说，人们不知道想要什么，直到你把它摆在他们面前。而对于平台来说，最害怕的是，你的竞争对手先找到了人们需要的东西，那时候，你和你的竞争对手已经不在一个竞争维度了。因此，各个平台也都在尽其所能地把尽量多的内容形态、品类都包容进来。

所以用户会看到，原本以短内容为主的微博，开始推视频；以时尚起家的小红书，开始邀请知识 KOL 入驻；短视频做得好好的抖音，开始鼓励直播；用完即走的微信，开始引入视频号。如何选择便成了企业的痛点。

一、什么是新媒体

这些年新媒体的概念很火，但到底什么是新媒体？说实话，学术界和业界到现在也没有达成共识。有一种说法，新媒体是与传统媒体相对而言的，新媒体是在报刊、户外、广播、电视之外的"第五媒体"。我个人认为，最近几年大家谈论的新媒体，主要是基于移动端的传播，新的传播载体、新的内容形态的媒体形式。

在互联网时代，人们获取信息主要靠搜索，点开网站看到的更多是编辑推荐的内容。在移动互联网时代，用户可能在淘宝上搜过保温杯，再点开知乎的时候，就会发现自己被推荐了一个保温杯广告。

我们的手机里装了不少的 App，微信、微博、抖音、快手、B 站、小红书、知乎，大众点评，淘宝、拼多多、京东，美团外卖，饿了么，网易云、QQ 音乐······按理说，这些 App 是用来满足聊天、娱乐、社区、找饭馆、购物、点外卖、听歌等需求的，但其实它们都可以被理解为新媒体平台。

在淘宝直播出现以前，大家认为淘宝是一个纯电商生态，谁都没有想到，电商生态也可以出现 KOL。而谁也都没有想到，一句"买它"，就真的可以一秒清空商家的存货。如果淘宝主播的角色等于电视购物的主持人，那淘宝直播这个生态，也可以理解为新媒体生态。

当一个平台开始出现数位 KOL 时，他们聚起并影响了一批粉丝，这个平台就具备了新媒体属性。

淘宝可以做直播、拼多多也马上开了直播，这些都是商家自播。

除了淘宝和拼多多，还有哪里有商家？大众点评上也有商家，大众点评也开了直播，同时平台上的 KOL 也开始通过有偿探店的形式，以"美食达人"的身份实现商业转化获利。

新媒体的内容形态，可以是一篇文章、几张图片、一段音频、一支短视频，或者是一场直播。新媒体的内容品类，可以是知识、美食、情感，也可以是时尚、母婴，不一而足。

二、企业对新媒体平台的选择

对于企业投放来说，并不需要太在意平台的迭代、内容形态的变化，这是创作者操心的事情。因为随着技术的进步，新媒体的内容形态一定会不断进化，企业只需要选出此时此刻最适合自己的渠道就可以了。

理论上来讲，企业需要先评估平台，再选择最适合这个平台的投放方式。

比如，公众号更适合 to B、定基调的内容，长文的内容形态能有逻辑地阐述产品或者品牌，KOL 本身的"背书性"更强。对于企业来说，投放的公众号账号不一定要很多，但选择账号的调性非常重要。因为公众号最早是基于社交传播、朋友圈传播涨粉的，这种粉丝获取形式让粉丝画像更精准、更垂直。

抖音更适合带流行，很多"网红店""网红品牌"一般会选择在抖音上做一波营销。受限于抖音内容形式和流量机制，抖音达人的内容基本都是 to C 的，而且大部分视频都是 1 分钟以内，所以达人只能以快速体验或介绍的形式做产品"种草"。

B 站作为一个中长视频平台，很多 UP 主发的内容都是 5～10 分钟的视频，这一点其实有点像视频版的公众号，粉丝有更多的耐心，愿意听 UP 主讲完一整支视频。另外，B 站视频的呈现形式多样，UP 主本人能与产品同框，也可以去实地探访，在很大程度上又丰富了粉丝的体验感。

目前，虽然 B 站大部分 UP 主接到的还是营销方向的广告，但是形式已经开始变化，一些头部 UP 主也开始接"纯品牌向"，或者说纯"背书向"的企业广告，未来可期。

第二节　选择 B 站做投放

目前，在各个平台中，B 站是公认的沟通成本相对较高的平台。第一是由于 UP 主的视频制作周期很长，第二是 B 站用户对于商业化的接受程度还没有那么高，这就意味着企业要与 UP 主共建创作的平衡点。

本节我们将讲解 B 站目前的投放形式，以及如何与 UP 主沟通，共建双赢传播点。

一、了解平台的状况

企业在投放任何一个平台的 KOL 之前，肯定要综合考虑平台的状况。

以 B 站投放为例，企业至少需要先获取以下信息。

（1）B 站整体流量如何？月活、日活如何？

（2）B 站用户画像（如用户的年龄、所在城市、教育程度等）如何？

（3）用户在平台上是否活跃，会产生哪些互动行为？

（4）企业在 B 站有哪些营销方式？

下面我们来回答一下这些问题。

上文中我们提到过，2020 年第四季度 B 站月活用户 2.02 亿，日活 5 400 万，通过答题的正式会员 1.03 亿，日均用户使用时长 75 分钟，日均视频播放量 12 亿次，其中 91% 的播放量来自动画、游戏、科技、学习、美食、VLOG、汽车等分区 UP 住创作的 PUGV 视频。

2021 年 2 月，方正证券 B 站相关报告显示，B 站 18 岁以下用户占 18.78%，19 ～ 24 岁用户占 60.98%；男性用户约占 51%，女性用户占 49%；一线城市占 12.46%，新一线城市占 18.82%，二线城市占 18.32%，三线城市及以下占 40.43%。

B 站平台主要的内容生态分为 PUGV（主要是 UP 主视频）、OGV（番剧、影视、综艺等）、直播三类。在观看视频时，用户会通过点赞、收藏、转发、评论及 B 站特有的"投币"表达对视频的态度，同时会通过弹幕实时分享对当下内容的感受。2020 年第四季度财报显示，B 站月均互动次数达到 47 亿人次。相比于其他平台，B 站用户对视频的反馈维度更多样化、更鲜明。

二、企业在 B 站的投放形式

企业在 B 站有哪些营销玩法？下面我们来介绍一下，希望企业能从中找出适合自己的路径。

第一类是直接投放 B 站站内广告。

比如，首页开屏广告、超大信息流广告、首页焦点图（占屏 25%）广告、搜索位广告等，或者可以把广告插入视频播放页下方，作为相关视频中第一位进行展示。

在效果导向上，目前站内可以支持销售线索收集（插入表单和咨询）、跳转电商平台、跳转 App 下载页面等。

企业也可以选择与 B 站合作创建热门话题、征集投稿活动、线上线下活动等，但这类活动预算偏高。

第二类是投放 UP 主视频，主要有以下投放形式。

1. 视频广告

视频广告分为植入和订制两种类型，一般植入类视频报价略低于订制视频,但植入和订制的标准,其实很大程度上是 UP 主个人制定的。

视频广告需要 UP 主在发布前通过网页版上传内容并选择"视频含有商业推广信息",即"广告报备";或者是通过花火下单完成执行。在广告视频发布完后,企业通常会请 UP 主在评论区置顶一条淘口令或者其他跳转链接。

在视频广告的基础上,如果通过花火下单,还可以进行额外操作,即邀约广告,就是在视频中或者视频下方直接插入跳转链接。UP 主自己设置不了邀约广告,需要客户或者代理商设置。

2. 联合投稿

现在很多品牌都在 B 站上开了企业号,联合投稿的视频会同时出现在 UP 主的主页和企业号的主页上,播放量两方也一样。但联合投稿的形式目前来看,对于企业号的引流作用非常弱,只是作为企业号内容的补充,增强站内用户的认同。

3. 动态合作

B 站动态合作的呈现形式类似微博,以图和观点为主,最多可以发九张图,支持插入商品,也可以 @ 企业号联动。

发布动态的时候可以带上与品牌相关的话题标签 #品牌名#,比如,防晒霜可以带上 #防晒霜#、#防晒#,口红可以带上 #口红#、#西柚色#。

动态合作的报价比植入和订制视频低很多,从性价比来说,还是比较合适的,合作维度可以参考 UP 主平时的动态浏览量。

4. 直播合作

目前,B 站的直播带货并没有发展起来。但对于这个流量持续上涨的平台而言,我们还是可以相信,直播带货这个从淘宝直播火到快手、抖音、视频号,甚至知乎的商业转化方式,未来也有很大概率也会成为 B 站商业生态的补充。

现在也有 UP 主在直播的时候，会给自己的网店带货，而且开网店也成了一部分 UP 主稳定的收入来源。

大部分粉丝量超过 5 万的 UP 主，直播时会有不错的在线人数和弹幕互动数，这一点也是因为 B 站粉丝的黏性比其他平台高。

企业想在 B 站开播，若含有商业内容需要提前报备，与 UP 主合作的含有商业内容的直播也需要报备。

5. 转发、抽奖福利合作

这种合作形式主要是给企业 B 站官方号导流量，尤其是在企业号本身就推出了互动或者福利的时候，宣发效果最好，而且如果有福利，转化效果也相当不错。

实话实说，目前，B 站还不是最主流的企业投放营销平台。但在 B 站上做投放，其实性价比还算合适。只是企业要把投放的主要目的放在强化品牌感上，而不能放在快速出货上。

企业投放的主要新媒体渠道其实还是两微一抖，但最近两年也开始放一部分预算在小红书和 B 站上。

很难想象，一支抖音视频、一篇公众号文章、一篇微博在发布 3 周后，才突然被网友发现，并且播放量持续 100 天都在增长。这种情况在 B 站上就是很正常的。再加上因为 B 站 UP 主创作视频的周期更长，对自己的视频更爱惜、对粉丝的"责任感"更重，一般情况下不会删视频。也就是说，如果品牌方在 B 站上投放了一位 UP 主，可能 3 年之后，用户在 B 站上搜索相关测评、关键词，依然能看到该品牌的视频，而且这支视频不会有所谓的发布时效性，它的流量会一直增长。

2020 年 12 月，在 B 站的营销大会上，B 站副董事长兼 COO 李旎透露了花火平台的部分数据：花火商业合作平台 7 月上线，5 个月以来，合作 UP 主同比增长 6 倍，合作品牌方同比增长 5 倍，复投率达到 75%。

虽然这个对比的基数并不会很高，但也显示了 B 站的营销实力。B 站

UP 主的商单是随着 2020 年 B 站出圈、用户激增、股价飞涨，才开始走入企业市场营销部门视野的。

2020 年，除了 B 站出圈外，同样被热议一个概念是"新消费品牌"，也有人把"新消费品牌"解释为创新品牌、创业型品牌。"新消费"经常与"新营销"结合谈论，相对于传统的获客形式，新消费品牌的获客更依赖于新媒体渠道，这种方式的转化更直接，转化数据更好监测。

或许是为了吸引更多企业对于 B 站营销层面的关注，2020 年 11 月初，B 站发布了"China-Z 100"榜单，评选了百大国货品牌，主打"Z 世代"审美趋势和消费痛点。在"China Z 100"榜单基础上，结合用户投票评选、UP 主评审团评选、站内数据及针对 30 岁以下网民发放的消费偏好调研等综合维度，评选了最具代表性、最为年轻用户喜爱的年度十大产品，包括卫龙大面筋、元气森林燃茶、极米 Z6X 投影仪等。

在这场发布会上，B 站还公布了近一年来有 1 亿用户在站内观看测评类视频，总播放量达 200 亿，凸显 B 站对年轻人"种草"的影响力。

三、找到匹配的 UP 主进行投放

对于 UP 主来说，了解企业的投放选择，便于自己优化广告视频，进而吸引更多潜在的广告主，也能给自己的创作带来一些启发。

如果你是广告主，会选择投放什么样的账号？你会用哪些维度衡量转化效果？

举个例子，如果你是某新兴代餐粉（我们起个名字叫甜茶代餐粉）的市场部投放媒介，需要在 B 站做营销。

第一步，思考用户画像

在所有行动之前，你需要先思考，产品的用户画像（受众和受众特征）是什么？

下面是销售提供给你的三款主推产品，这三款产品的用户画像完全不同。

产品 A：20 元一包的甜茶低卡代餐粉，80% 的购买用户是女性，年龄在 18 ～ 25 岁之间。

产品 B：200 元一包的甜茶燕窝代餐粉，70% 的购买用户是女性，年龄在 30 ～ 45 岁之间。

产品 C：50 元一包的甜茶蛋白质代餐粉，65% 的购买用户是男性，年龄在 25 ～ 30 岁之间。

第二步，思考适合投放的产品

这一步要思考在 B 站这个平台上，哪种产品适合第一次投放？

首先，B 站的大部分用户都是年轻群体，产品 A 的用户画像，相比于其他产品线，更符合 B 站平台的用户群体。

其次，对于任何一款首推产品而言，单价越高，引导购买的成本就越高。尤其你的产品之前在 B 站上还没有做任何的推广，用户对于你的产品是没有概念的。所以如果一开始就做价格偏高的产品，转化率可能没有那么理想。

用户能理解同一个主品牌分为高端产品线、中端产品线、经济适用产品线，理解的前提是用户听过这个品牌。

经济类产品线需要实惠、中端产品线需要高性价比、高端产品线需要值得。

目前，B 站平台的用户画像，官方并没有给出非常清晰的维度，所以我们先按照通常概念上的"年轻人"群体来看，最匹配平台总用户画像的，其实是产品 A。

我们再看一下产品 A 的描述：20 元一包的甜茶低卡代餐粉，80% 的购买用户是女性，年龄在 18 ～ 25 岁之间。

第三步，思考合作 UP 主的类型

找哪些类型的 UP 主进行合作，换句话说，就是如何选择投放 UP 主的

画像？

这里，我们其实要考虑几个投放维度。

（1）让更多的人知道甜茶代餐粉好（纯播放量维度）。

（2）让知道的人意识到，甜茶代餐粉和玉米粉、椰子粉、可可粉等若干种粉相比，有什么不一样的功效？吃代餐粉真的能瘦下来吗？（品类概念塑造，突出功能"种草"）

（3）甜茶代餐粉和其他代餐粉相比，有什么不一样？（品牌概念塑造，突出卖点"种草"）

（4）现在购买甜茶代餐粉，买一送二，赶快下单吧。（购买引导，直接转化成单）

但现在，你还面临一个最重要的问题，就是投放预算。对于企业来说，在 B 站上投放广告要做好品牌预算和营销预算。如果企业的营销费用较多，可以采取广泛普量塑造品牌知名度的策略。

很不幸，最近企业的广告预算不多，只能尽量投放精准用户。

根据上述思考，你的脑海中有了一个模糊的投放账号选择标准和视频需求：账号受众为年轻女性，对健身、塑形、身材管理、健康饮食类话题感兴趣，甚至再广泛一些，对"变美"有诉求。

注意，代餐粉类虽然也是食物，但与美食类用户的画像其实还是有一定的差异的。如果是预算有限，只能选择非常少量的 UP 主合作，优选肯定是身材管理类 UP 主。

这时候你可以通过代理商选择账号，或者通过关键词搜索发过此类视频的 UP 主，进一步看是否适合合作。

第四步，思考让 UP 主发什么样的视频

这一步其实就是：如何制定一份给 UP 主的合作 brief（创意简报）。

首先，如果你是一个初创品牌，UP 主对这个品牌是不了解的，你需要

先告诉 UP 主和用户，你的产品是靠谱的，用户才愿意接你的广告。你可以附上产品官网的链接，如果之前有融资报道或者媒体报道也可以附上，再或者是天猫店铺、京东店铺链接都可以放上。

有一些广告主在与 UP 主合作的过程中，会有一个疑问，就是为什么相比于其他平台，感觉跟 UP 主的合作波澜更多。

其中一个原因就是，UP 主很在意自己发的内容，粉丝也很在意 UP 主发的内容，这就导致了在广告的植入上，UP 主会有自己的评估，不愿意接受广告主的一些要求。

还有一个原因就是，大部分 UP 主只是兼职去做视频，而做一支含有广告的视频至少需要两周以上的时间。在这个过程中，可能 UP 主学校的课业压力变大了或者是最近加班多了，这些因素都会造成视频上线的延迟。

一个广告诉求给 UP 主之后，UP 主需要几天的时间去构思一个完整的脚本，并把它写出来，再跟客户反馈、改稿，最终定稿。从构思脚本到最终定稿至少需要 7 天的时间。因为 B 站 5 ～ 10 分钟的视频，一个脚本的长度就要是 1 000 字到 3 000 字，这长度都赶上一篇公众号推文了。

公众号推文是定稿了之后直接发，没有其他的后续工作。但对于 UP 主来说，定稿脚本的时候只算完成了一半，还要拿着脚本去拍摄，拍完了要进行后期的剪辑包装，出第一版视频之后，客户再反馈修改，最后才能定稿。

因为 B 站视频创作周期长和难度更大，企业发给 UP 主的诉求要尽量细化，这样会减少彼此的沟通成本。同时也要把官网信息或者产品介绍发给 UP 主，让 UP 主更了解产品。

在提炼卖点上，尽量由广告主来完成，可以给 UP 主几个核心卖点。因为一个产品肯定会有很多卖点，UP 主没有广告主了解产品，提炼的卖点有可能不是重点。广告主最了解自己的产品。这一次合作，希望重点推的是哪几个卖点，广告主心里要有谱。广告主心里有成算，不仅有利于选择到精准的合作账号，还能让 UP 主的视频表达出产品的特点。

有了卖点，还要有明确的视频精神内核，比如，"变成更好的自己"，或者是"再忙也要关爱自己"，诸如此类的视频主旨。如果企业有明确的方向当然更好，不过还是建议也综合考虑 UP 主的建议，因为 UP 主对 B 站站内的创作氛围更了解，知道什么样的主题更符合自己的粉丝，提高接受程度以及传播热度。

此外，就是一些特殊的需求，比如，不要展示同类竞品；对镜头位置或者产品呈现有什么要求；是否有必须体现的产品 LOGO，产品介绍语，正确的产品拼写、叫法等。

一份简单版的 brief 如下。

（1）产品介绍＋本次宣发核心卖点。

（2）视频主旨方向参考。

（3）需要展示的产品 LOGO、标语、正确的产品称呼和拼写（有品牌 LOGO 的大小写容易被写错）。

（4）产品展示要点：最好有正确的示范图等。

（5）特殊要求：如不方便提到竞品等。

（6）预计上线时间。

（7）参考合作视频等。

当然，不同的企业和产品，brief 也有所不同，而且投放是一个动态的工作，根据投放效果和站内反馈，广告主还是需要对 brief 进行实时调整。

第五步，投放数据分析

在 B 站内投放结束并不意味着大功告成，尤其是在第一批投放结束后，还应该有针对性的分析投放数据。

一般来说，预算不太少的情况下，还是要至少合作几十位 UP 主。合作的 UP 主不仅有数量要求，而且合作的时间周期、账号类型、视频主题类型也有差异。在这种情况下，分析得出来的数据才有参考性。

因为 B 站与其他平台不同——视频可以跨越时效性。

像抖音或者是公众号，基本就是发布当天数据是什么样，大概率就是什么样了。但 B 站的视频会有一个缓慢的数据爬升期，这个数据爬升期有可能是一个月，也可能是半年。在 B 站是存在半年前的视频会猛一下爆发式增长的。

投放后基本考核维度是曝光（播放量）、转化（点击注册、下载或者关注企业官方号）、购买这三个层面。

四、如何考核投放效果

2021 年 B 站跨年晚会，元气森林拿到总冠名，相比于元气森林的大手笔，更多企业在 B 站营销的起步还是自行投放 UP 主。我们先从两个案例看看，如何考核投放效果。

1. 案例：教育类、职场类投放

孔先生在一家 A 轮教育类企业负责职场类工具的市场推广。2019 年开始尝试投放 B 站的 KOL。沟通推进 B 站投放占据了他工作时长的 1/4，其他工作内容包括与钉钉、京东、支付宝等渠道合作流量置换，对直接的转化效果负责。

在他看来，抖音的曝光比 B 站高，但转化效果不如 B 站。抖音偏向娱乐化，用户刷抖音就是想休息一下，推荐职场类工具、求职类内容，转化率并不高。

B 站的用户画像相对更年轻，正是初入职场，处在成长期的一批用户，这些用户与企业推广产品的受众匹配度上是吻合的。

最初期做测试推广，只合作了几位粉丝量几千的 UP 主，当时 ROI 大概是 1：1，但如果更垂直于网站、App 推荐的账号，ROI 能做到 1：3。

孔先生所在的企业对于 B 站投放的考核维度会根据营销策略进行调整，比如，10 月份求职旺季（金九银十、金三银四）会以转化为主，12 月份会以品牌曝光为主，因为这时候很多人会考虑次年换工作的情况，但不会马上做决定。在投放预算上，企业根据季度设置预算，在求职季做更集中的投放。在账号选择上，会先与做过求职相关视频的 UP 主沟通。

在与 UP 主沟通的过程中，孔先生面临最主要的问题就是私信回复率偏低，很多头部 UP 主可能私信太多，所以没办法通过私信方式联系到。但寻找代理商，代理商又很难达到公司设定的考核指标。

2. 案例：时尚品类的投放

Lorelei 是时尚行业资深媒介，目前在某轻奢时尚首饰企业任职。企业近期主推单品售价 1 000～1 500 元，2020 年投放总预算大约几百万元，之前主要在抖音、小红书做投放，ROI 基本能达到 1∶1 以上。

2020 年 4 月，企业开始尝试 B 站 UP 主投放，还处于投放测试期，单期投放账号 7～8 个，通过花火下单，转化主要是淘口令领取福利，跳转购买页。虽然是时尚类配饰，但 Lorelei 投放时会倾向找偏职场、知识属性的 UP 主合作。因为客单价高，所以希望 UP 主能够讲解清楚为什么产品值得购买。

此前很多企业对 B 站投放持观望态度，其中一个核心原因，就是认为 B 站用户年龄偏小，跟产品原本的用户画像不匹配。

但近两年，随着 B 站内容品类的扩充，吸引了更多不同年龄段的用户，以及企业开始意识到，5～10 分钟视频可以对产品进行更深度的解读，企业开始关注 B 站投放。

市场销售是"拔草"，品牌营销是"种草"，在"种草"层面，B 站具备更大的优势。

很多企业都有自己的投放媒介，这个岗位一般设在市场部门，但也有一些项目会选择找代理商合作。找代理商会要求保量，进而做数据分析和转化分析，也会要求一定的创意内容。但保量（保证播放量、转化率等）这一点大部分代理商都很难支持。

一般在以下情况下才选择代理商合作。

第一是投放诉求急、现有人员不足。比如，短期内需要几十甚至上百个投放，没办法快速联系到 UP 主。代理商一方面是已经与 UP 主建立过联系，一方面是有专业的媒介团队，能够根据客户的需求快速找到符合要求的账号，并且确立沟通意愿。

第二是希望找代理商进行整体投放规划，包括规划投放策略、视频定位、转化预期等。

广告的报价，在各个平台其实都有标准，但是具体到单个账号而言，这个报价还是要看号主个人的意愿。有广告主会认为现在 B 站的 UP 主广告报价偏高，其实相比于其他平台而言，B 站已经算是投放性价比较高的平台了。从粉丝量看，与其他平台相比，B 站大部分的账号粉丝量都是要偏少的，肯定不会出现像抖音上动辄百万、千万的账号。百万级的账号在 B 站上就算是头部的 UP 主了，更多账号的粉丝是几万、几十万。

从视频的播放量来看，相比于其他平台来说，B 站的播放量也没有那么高，不会出现动辄几百万的播放量。几十万的播放量，在 B 站上就可以进入当日热门了。

如果是企业方自己去选择的话，不应该在意播放量或者粉丝量，而应该关注账号的调性与产品的匹配程度以及粉丝活跃度。

企业方在考核投放效果的时候，一般不以曝光量作为唯一的考核标准。而更多是从品牌角度和营销角度来考核投放效果。从品牌角度来说，综合视频本身的内容，考查视频能否对传达品牌理念起到正向作用；从营销角度，考虑转化效果如何。

当然，转化是多维度的，不是说只有下单购买了才算有了转化。粉丝看了 UP 主的视频，对品牌产生了好奇去搜索，进而注册了品牌的会员；品牌给 UP 主提供了专享福利券，粉丝领券体验或者下单这都算是实现了转化。

企业在投放 UP 主的时候，还是要搭配粉丝专享福利。因为优惠是粉丝决定购买的最直接因素。没有优惠，粉丝看这支视频很可能也像看了广告片一样，知道了这个产品有一些不错的点，依然不会立即购买。大部分人会感觉这个产品确实不错，被"种草"了，只到了这一步，购买的契机依然是降价。如果现在有福利，当下就会有很高的转化率。

结 语

最近两年，很多 UP 主才开始不需要只"用爱发电"。

2020 年，B 站在完善平台商业化上做出了很大改变。这些改变包括开放花火商单平台，将花火商单范畴从视频扩展到动态，自签或通过旗下 MCN 签约了大量 UP 主，扶持核心代理商等。

同时 B 站也在引入更广范围的用户、积极引导站内商业化氛围，鼓励 UP 主发布"种草"带货视频。

因为工作的原因，我平时与内容创作者、企业方、投资人都会有交流。

在与某机构投资人温总的一次交流中，她提到，目前品牌方在接触 UP 主投放合作后，主要有两点反馈。

第一点是投放周期长，大部分 UP 主都没有经纪公司，平时要上班，再加上 B 站本身是中视频，所以构思用时、拍摄周期都很长，在内容沟通上的时间成本比其他平台更高。

第二点是效果向的投放目前还是投放初期，站内导流跳转、直播带货，还都是尝试期。如果是品牌向的内容，通过与 UP 主的沟通，是可以获得不错的反馈的，但如果是直接导向效果类的投放，目前看效果还有待测试。

我个人认为，企业与 UP 主的关系，不应该是单纯的甲方与乙方的关系，双方其实是在进行内容共建。

在微信公众号、微博，很多账号都可以接受内容直发，但 B 站 UP 主账号基本都不接受直发内容，UP 主需要原创——B 站动态可以考虑根据文案微调直发。

像抖音、快手，因为视频时长只有 1 分钟，所以在广告植入上，大部分企业都选择直接接入品牌方广告语和折扣信息，右下角添加购物车。

即使是公众号原创内容，因为不涉及拍摄修改，所以最终文案确定后就可以发布。

B 站的投放需要先沟通视频大纲，再确定几千字的脚本内容，最后进入拍摄。拍摄后如果修改，就要进行补拍、重调等，相对其他平台要复杂很多。而且 UP 主普遍都会根据自己对站内生态的了解、对品牌的了解，再次创作客户的广告内容。

这些年，在新媒体行业的发展过程中，很多 MCN 机构，都选择转型做代理商、服务商，很多以公众号起步的企业，也开始向营销服务商转型。

B 站 UP 主未来的发展会走向哪里？我一直认为，B 站原创视频和公众号原创文章有同等的价值。

当年微信公众号最让人认可的一点价值，其实是用户的凝聚力。在微信生态里，用户与号主的关系是强关系，用户信任号主，或者认为公众号提供的内容有价值——无论是娱乐还是实用价值，选择订阅就会形成定期观看的习惯。

相比于其他视频平台，B 站 UP 主与用户的关系，也是相对的强绑定关系，用户欣赏进而关注一个 UP 主，因为经过了选择，所以也会对 UP 主有记忆。

与微信相比，B 站体量还没有那么大，年龄层也偏年轻。但未来怎样，谁也说不清楚。如今 B 站在非常努力地"破圈"，测试多种商业化能力，未来更可期。

UP 主比企业更了解社区生态，知道用什么样的表达方式能让用户接收到这个概念。而企业比 UP 主多了过往的传播转化的数据沉淀。

在 B 站的投放尝试上，UP 主与企业并不是对立的关系，其实大部分企业已经有了这个认知。相比于传统电视广告、反复洗脑种下品牌印象，新媒体时代的传播逻辑，其实是真实体验和感知。

关于个人 UP 主的发展，下面说说目前的几类方向，也给大家以参考。

（1）签约 MCN 机构，收入主要来自广告，MCN 机构会辅助 UP 主提升流量，也会有比较稳定的商单来源。但签约期一般至少要三年，而且期间的商业收入都要跟 MCN 机构分成。

（2）搭建个人工作室，团队主要成员角色是编导和商务，内容产出规范化，但收入依然主要来自广告。发展到后期可能会内部孵化其他领域账号，进行自有矩阵搭建。

（3）自建公司，除站内广告收入外，开拓电商、广告片拍摄、创意策划等业务，搭建多条业务线。

纵观各个内容平台，目前公认的账号生命周期相对较长的平台，还是微信公众号。当时大家会说，在微信公众号里，你的流量就真的是你自己的流量；而在其他的平台中，你并没有真正属于自己的流量，都要依靠平台分发流量。

但发展至今，微信生态经过几次变更，很多账号的打开率也出现了下滑。微信生态经过多次洗牌，中间有一次就是大批营销号（非原创内容或低质量内容）卖号。到今天依然活跃的微信公众号都是内容相对优质的。当年微信生态中并没有很多 MCN 机构去签约公众号号主，而且公众号号主也不会轻易被签约。

但到了短视频时代，尤其是在抖音这个生态中，涌现繁荣了大批 MCN 机构。

在 2020 年这个节点，B 站也涌现了一批 MCN 机构，开始签约个人 UP 主。一年的发展时间，并不能让我们得到很多有参考意义的数据。我们只是在思考。同样都是优质深度的长内容，为什么当年公众号生态中大部分人选择自己做，而现在在 B 站生态中有一部分创作者会选择签约 MCN 机构。

其中肯定有一点原因是出于对流量的焦虑。公众号早年的阅读量或者是打开率相对来说是非常稳定的。但是在视频生态中，很多账号都经历过流量的不稳定。

通过对 UP 主的调研与沟通。我发现很多 UP 主签约 MCN 机构并不是因为想多接商单或者是说提升短期的广告收入，而是希望 MCN 机构帮助自己突破涨粉瓶颈、提升视频播放量。

我一直觉得每个内容平台都有自己的生态和文化。平台方——就是我们说的官方、创作者、观众、客户、服务商，每天都在做出反馈，都在影响并改变着整个生态。

很多朋友的关注点是：我要怎么做才能涨粉？要怎么做才能有收入？解决这些问题，本质是了解这个生态的真实规则。通过了解各方制约因素，去预判这个生态未来的走势，从而先人一步做出布局。

这本书除了跟大家介绍了 B 站生态，也跟大家浅析了新媒体行业的发展规律。

流量是一定会发生改变的。无论是在微信、微博、抖音、快手，还是如今的 B 站。不可能有长盛不衰的平台和账号，但一个平台衰落，随之而来的一定是另一个平台的崛起，流量只是迁移了，它并不会消失。

希望这本书能够带给大家的，除了运营 B 站的启发，还有更多关于流量本质以及新媒体生态发展趋势的启发。